Kleine Geschichte
der Stadt WIESBADEN

Kleine Geschichte

Kleine Geschichte der Stadt

Wiesbaden

Marion Mink

Lauinger Verlag

Erschienen in der Reihe:
»Regionalgeschichte – fundiert und kompakt«

Abbildungsnachweis:
Einbandabbildung: picture alliance / arkivi
S. 59, S. 69, S. 91, S. 129, S. 143, S. 172: akg-images
S. 117, S. 118: Henkell & Co. Sektkellerei KG
S. 175: akg-images / picture-alliance / Roland Witsch

Folgende Bilder unter der Creative-Commons-„Namensnennung-
Weitergabe unter gleichen Bedingungen"-Lizenz
in der Version CC-BY-SA-3.0 (www.creativecommons.org/licenses/
    by-sa/3.0/deed.de),2.5,2.0,1.0: S. 134: JürgenG
in der Version CC-BY-SA-2.5 (www.creativecommons.org/licenses/
    by-sa/2.5/deed.en): S. 8: Fritz Geller-Grimm
in der Version CC-BY-SA-3.0 (www.creativecommons.org/licenses/
    by-sa/3.0/deed.de): S. 37: Falense; S. 53: martinkaufhold.de;
    S. 96: Ansgar Koreng/CC BY SA 3.0 (DE); S. 124: Vivimeri;
    S. 126: Oliver Abels; S. 139: Martin Kraft (www.photo.martinkraft.com);
    S. 150 und S. 156: Benjamin Dahlhoff
in der Version CC-BY-SA-3.0 Niederlande (www.creativecommons.org/
    licenses/by-sa/3.0/nl/deed.de): S. 151 oben links: Nationaal Archief
in der Version CC-BY-SA-4.0 international (www.creativecommons.org/
    licenses/by-sa/4.0/deed.en): S. 50: Odu Siaz; S. 115: ReinerSand

© 2016 Der Kleine Buch Verlag | Lauinger Verlag, Karlsruhe
www.derkleinebuchverlag.de

Projektmanagement & Korrektorat: Julia Barisic
Lektorat: Dr. Hildegard Hogen, Bensheim
Umschlaggestaltung & Satz: Beatrice Hildebrand
Druck: Printed in EU

ISBN 978-3-7650-8429-4

Dieser Titel erscheint auch als E-Book:
ISBN 978-3-7650-2201-2

Inhaltsverzeichnis

Aus der Erde entspringt das Fundament der Kurstadt 7
Stadt der heißen Quellen | Die Neandertaler von
Erbenheim | Römische Wellnessoase |
Die Mattiaker | Wisibada

Die Grafen von Nassau 15
Walram und Otto | Burg Sonnenberg | König Adolf von
Nassau | Kloster Klarenthal | Badekuren im Mittelalter

Wie ein Phönix 28
Das Beste ist gerade gut genug | Dreißig leidende Jahre |
Mit eisernem Willen am Kragen gepackt |
Moderner Fürst mit wirtschaftlichen Ambitionen |
Biebricher Schloss | Endlich Hauptresidenz

Die Kur als gesellschaftliches Ereignis 41
Gemischte Kur in Wiesbaden | Glücksspiel für Kur-
gäste | Der Kochbrunnen | Aus einer Hand geformt |
Kuren außerhalb der Stadt | Badehotel Vier
Jahreszeiten | Theatervergnügen in Wiesbaden | Der
Kaiser lockt den Hochadel | Kuren zu jeder Jahreszeit |
Ein wahres Prachtstück dank Friedrich von Thiersch

Machtwechsel im 19. Jahrhundert 60
Aus Zwei mach Eins | Jagdschloss Platte |
Generationenwechsel | Herzog und Großfürst |
Märzrevolution | Unter Preußens Hand |
Der Wiesbadener Prinzenraub

Wiesbaden und die Russen 72
Herzog Adolfs Liebesglück | Ein Stück Heimat als
letzte Ruhestätte | Der russische Friedhof

Dichterfürst und Meistersinger 78
Persische Gedichte am Rhein | Musiker mit scharfer
Zunge | Brahms und seine Wiesbadener Symphonie |
Ein Wiesbadener auf Welttournee | Die Meistersinger in
Wiesbaden | Die deutsche Nachtigall

Die schönen Künste 89
Goethemaler | Höchstpreise für die Genremalerei |
Bildhauerei made in Wiesbaden | In Stein meißeln
statt Eisen gießen | Vom Soldaten zum Künstler |
Kunst in jeder Form

Soziales Engagement 103
Hospital zum Heiligen Geist | Bürgerliches
Engagement | Ein Herz für das Volk |
Wiesbadener Brotkrawalle | Zimmermann'sche Stiftung

Industrie und Wissenschaft 111
Medizinalwesen | Augenheilanstalt von Weltruf |
Industrie vor den Toren der Stadt | Mit »Henkell trocken«
in aller Munde | Stinker nach Amöneburg |
Rheinische Vieh-Versicherungs-Gesellschaft |
Süßer Pionier | Hessens Schwimmbad mit dem schönsten
Ausblick | »Forsche gründlich, rede wahr«

Zu Lande, zu Wasser und in der Luft 128
Rheinschifffahrt | Per Bahn | Unbeliebtes Fortbewegungs-
mittel | Vorzeigeobjekt auf den Schienen | Ein technisches
Kulturdenkmal | Auf dem Luftweg in die Kurstadt |
Mit dem Bus bis nach Italien

Das Ende der Weltkurstadt 137
Goldenes Buch | Kunst, Natur und Altertum unter
einem Dach | Krieg statt Glamour | Französische
Besatzer | Britisches Hauptquartier

Das Hakenkreuz weht über der Stadt 145
Deutsche-Französische Waffenstillstandskommis-
sion | Kein Erbarmen mit der Kurstadt | Das Leid der
Juden | Was würde Jesus dazu sagen? | Christlicher Wider-
stand | Bürgerlicher Widerstand | Mut und starker Wille

Hessische Landeshauptstadt 157
Verlage in Wiesbaden | Bundeskriminalamt | Statistisches
Bundesamt | Ein U-Bahn-Netz für Wiesbaden? | Amts-
kette des Bürgermeisters | Der Kuckuck lockt Touristen

Hollywood made in Wiesbaden 168
James Bond der 1920er Jahre | Romy Schneiders Start ins
Filmbusiness | Filmreife Romanze – Elvis und Priscilla |
Eine Kennedy-Welle der Sympathie

Stammbaum 177
Ausgewählte Literatur 178
Danksagung 179
Ausflugstipps 180
Cafés und Restaurants 183

Aus der Erde entspringt das Fundament der Kurstadt

Kaiser, Könige und Herzöge aus aller Welt ließen es sich nicht nehmen, in den berühmten Wiesbadener Quellen zu baden. Aber auch bekannte Komponisten, Musiker und Schriftsteller aus dem In- und Ausland waren Gäste in der pulsierenden Kurmetropole. Zu verdanken hat die hessische Landeshauptstadt diesen besonderen Status einem Naturphänomen: ihren Thermalquellen unter der Stadt.

Stadt der heißen Quellen

Weltkurstadt. Dieser Titel ist ein wenig in Vergessenheit geraten, aber viele Jahre prägten Kururlauber das gesellschaftliche Leben in Wiesbaden. Bereits die Römer hatten den Nutzen der heißen, blubbernden Quellen aus dem Erdreich erkannt. Damals wie heute sprudeln aus den Wiesbadener Thermalquellen rund zwei Millionen Liter Wasser pro Tag. Mit einer Wassertemperatur von rund 67 °C zählen die Wiesbadener Quellen zu den heißesten in Europa. Insgesamt verfügt die Kurstadt über 26 heiße Quellen und eine kalte Schwefelquelle. Der Ursprung des Wiesbadener Heilwassers zählt zu einer Gruppe von Mineralquellen, die am Südrand des Taunus entlanglaufen. Einem Riss im Erdgestein, einer sogenannten geologischen Verwerfung, hat Wiesbaden es zu verdanken, dass die heißen Quellen aus der Tiefe emporsteigen. Die umliegenden Kurorte Bad Homburg, Bad Nauheim, Bad Soden und Bad Weilbach sind ebenfalls Nutznießer dieser Bruchstelle.

In Wiesbaden ist der Kochbrunnen die bekannteste Thermalquelle der Stadt. Pro Minute sprudeln 300 Liter Wasser an die
Oberfläche. Rund um den Kochbrunnen ist die Luft stets leicht
getrübt. Schuld daran ist der hohe Eisenanteil im Wasser. Neben Eisen findet sich jede Menge Kochsalz im Heilwasser, daher
sprechen Experten beim Kochbrunnen auch von einer Natrium-
chlorid-Therme. Am Rand der Quelle lagert sich Sinter ab und
bildet eine harte Kruste. Die Römer waren von den heißen Quellen sehr angetan. Plinius der Ältere, ein römischer Schreiber,
war um 50 n. Chr. in Mainz stationiert und beschrieb in seinem
Buch »Naturalis historia« die heißen Quellen: »In Germanien
gab es jenseits des Rheins die heißen mattiakischen Quellen; das
aus ihnen geschöpfte Wasser bleibt drei Tage lang heiß. An den
Rändern setzt es sogar Sinter ab.«

Der Kochbrunnenspringer mit Sinterablagerung

Die Neandertaler von Erbenheim

Wiesbaden und Umgebung war von der römischen Besatzung
geprägt. Der Limes verläuft in unmittelbarer Nähe zu Wiesba-

den und auch die Saalburg, ein gut erhaltenes Römerkastell, ist nur einen Katzensprung von der hessischen Landeshauptstadt entfernt. Eine Vielzahl historischer Funde weist darauf hin, dass Wiesbaden eine römische Gründung ist.

Artefakte aus der Nähe des Stadtteils Erbenheim belegen, dass bereits vor den Römern Menschen an den warmen Quellen ihre Lager aufgeschlagen haben. Nachdem vor 180.000 Jahren eine Eiszeit in Deutschland zu Ende gegangen war und das Klima sich erwärmt hatte, ließen sich sogar Löwen und Elefanten in unseren Breitengraden nieder. Es war daher nur eine Frage der Zeit, bis auch Menschen in die Region rund um das heutige Wiesbaden kamen. Sie waren als Jäger und Sammler unterwegs. Ihre Waffen und Werkzeuge bestanden aus Hölzern, Knochen und Steinen. Der Neandertaler hatte die Region vorübergehend für sich entdeckt. In Erbenheim fanden Archäologen bei Ausgrabungen kleine wissenschaftliche Kostbarkeiten. Ein Faustkeil und ein Federmesser aus Kieselschiefer, die als Waffe bei der Jagd und bei der Verarbeitung von Fellen und Häuten dienten, lagen in einem Gräberfeld aus der Urnenfelderzeit. Die Forscher ordnen die Fundstücke der mittleren Altsteinzeit zu, die um 100.000 vor unserer Zeit lag. Lange weilte der Neandertaler nicht in Erbenheim. Waren Früchte und Gräser abgeerntet, zog er weiter.

Als 1953/54 die Adlerquelle neu gefasst wurde, entdeckten Arbeiter in viereinhalb Metern Tiefe erneut Spuren menschlichen Lebens. 60 von Menschenhand bearbeitete Artefakte befanden sich im Erdreich, darunter Klingen aus Kieselschiefer, Hornstein und Basalt. Die Fundstücke gehen zurück auf die Zeit bis 10.000 v. Chr., als die letzte Eiszeit gerade zu Ende gegangen war. Damals siedelten sich kleine Gruppen rund um die warmen Quellen an. Der Boden in dieser Region war nährstoffreich und eignete sich hervorragend für die Landwirtschaft. Zahlreiche Siedlungen entstanden dort, wo sich auch heute noch Ortschaften befinden. In Naurod, Bierstadt, Rambach oder Igstadt fanden Forscher Reste von Gräbern und Grabfeldern. Eine große Anzahl von Hügelgräbern gibt es noch heute in der Nähe von Kohlheck.

Römische Wellnessoase

Die Anfänge des römischen Wiesbadens reichen in die Zeit zwischen 6 und 16 n. Chr. zurück. Die Römer nutzten die Wiesbadener Mineralquellen als Erste für Heilzwecke. Während der Germanenkriege waren zahlreiche römische Soldaten in Mainz stationiert, verletzt und erschöpft vom Kampf. Da lag es nahe, die Heilquellen zu nutzen, die sich lediglich einen Steinwurf von Mainz entfernt befanden. Wiesbaden wurde von den Römern ausgebaut und diente fortan als Wellnessoase für die vom Kampf ausgezehrten Soldaten.

Wann die römischen Thermalanlagen gebaut wurden, lässt sich hervorragend an den Fundstücken nachweisen, die in einer ehemaligen Therme am Kranzplatz lagen. Die dort gefundenen Ziegel und Bleirohre waren mit einem Aufdruck der 14. Legion versehen, die in Mainz zwischen 70 und 90 n. Chr. stationiert war. Vor allem im frühen 20. Jahrhundert sind Überreste von römischen Badeeinrichtungen in Wiesbaden entdeckt worden. In unmittelbarer Nähe des Kochbrunnens sowie der Adler- und Schützenquelle fanden sich die Reste dreier Thermalanlagen. Diese Bädereinrichtung zog sich entlang der *Via maxima*, einer römischen Hauptstraße. Noch heute ist die *Langgasse*, die ehemalige Via maxima, eine der zentralen Verkehrsverbindungen in Wiesbaden.

Aquae Mattiacorum, wie die Römer Wiesbaden damals nannten, diente aber nicht nur als Erholungsort, sondern war von Anfang an als militärische Basis geplant. Zu diesem Zweck bauten die Römer um 40/50 n. Chr. ein Kastell. Lange schien diese Festung nicht existiert zu haben, denn Brandschichten im Boden gaben den Archäologen Hinweise darauf, dass es um 69 n. Chr. niederbrannte. Darüber hinaus diente Wiesbaden als vorgelagerter Wachposten zur Sicherung des Brückenkopfes bei Mainz-Kastel.

Um das Jahr 100 n. Chr. herum gründete sich eine zivile Bürgergemeinde in der römischen Wellnessoase, die Vicus Aquae Mattiacorum. Eine erste schriftliche Erwähnung dieses Namens war auf einem Meilenstein zu lesen, der im Jahr 122 n. Chr. auf dem Gebiet des heutigen Mainz-Kastel gesetzt wurde und auf dem stand: *Ab Aquis Mattiacorum milia passuum VI*. Übersetzt bedeutet das soviel wie »von Aquae Mattiacorum 6000 Doppelschritte«. Das sind ungefähr neun Kilometer. Das lateinische Wort *Aquae* entspricht der Bezeichnung *Bad*, das Wort *Mattiacorum* ist ein Hinweis auf die zivilen Bewohner der Stadt. Übersetzt hieß Wiesbaden zu Zeiten der Römer daher »Wasser der Mattiaker«. Dabei setzten sich die Bewohner von Aquae Mattiacorum aus dem Volk der Mattiaker sowie aus ehemaligen römischen Soldaten und Söldnern zusammen. Es war ein bunter Haufen, der sich zu einer Gemeinschaft verbunden hatte und friedlich miteinander lebte. Zivile Siedlungen entstanden entlang der heutigen Langgasse sowie am Heidenberg. Archäologische Funde belegen, dass in Wiesbaden zu römischer Zeit ein reges Treiben herrschte. Neue Häuser und Stadtquartiere entstanden. In der Mitte befand sich ein Geschäftsviertel und im Nordosten das Handwerkerviertel. Auf dem Land bauten die Menschen *villae rusticae*, wobei es sich um große Landgüter handelte, die ihre Ernte in den Siedlungen und in den Kastellen verkauften.

> Wiesbaden und der Rheingau sind für ihre hervorragenden Weine bekannt. Es ist der römischen Kultur zu verdanken, dass seit jener Zeit die edlen Tropfen an den Hängen des Rheins angebaut werden.

Während einer längeren Phase des römischen Friedens kam nicht nur das wirtschaftliche Leben in der kleinen Siedlung in Schwung. Die Menschen hatten Zeit, sich ihrer Religion und ihren Göttern zu widmen. Viele Weihesteine, die zu Ehren eines Gottes oder einer Göttin aufgestellt wurden, fanden Archäologen bei Ausgrabungen in Wiesbaden. Einer dieser Steine ist Diana Mattiaca, der Schutzgöttin der mattiakischen Quellen, gewidmet. Gestiftet hat ihn die Ehefrau eines Legaten der 22. Legion zum Dank für die Genesung ihrer Tochter. Grabsteine von Soldaten, deren Einheit weder in Mainz noch Wiesbaden stationiert war, lassen darauf schließen, dass es Kuraufenthalte schon zu Zeiten der Römer gegeben hat.

Die Heidenmauer ist das größte Bauwerk, welches die Römer der Stadt hinterlassen haben. Es ist zugleich das älteste erhaltene Bauwerk der Stadt. Die Überreste der Heidenmauer sind ca. 80 Meter lang und bestehen aus Bruchstein und römischem Mörtel. An einigen Stellen ist die Mauer zehn Meter hoch. Errichtet haben soll sie Kaiser Valentinian um das Jahr 370 n. Chr. Im Mittelalter trennte die Heidenmauer den nordöstlichen vom südwestlichen Teil der Stadt. Welche Funktion diese Grenze in römischer Zeit hatte, ist nicht klar. Vielleicht wurde sie nie zu Ende gebaut. Das Rätsel um die Heidenmauer ist noch lange nicht gelöst. Das angebaute Römertor stammt aus dem Jahr 1902; es schließt eine Lücke in der Mauer.

Die Mattiaker

Das Volk der Mattiaker siedelte sich nicht freiwillig in der Region zwischen Rhein, Main und Taunus an. Sie gelten als Unterstamm der Chatten, die wahrscheinlich auf dem Gebiet des heutigen Schwalm-Eder-Kreises beheimatet waren. Die genaue Lage des Ortes Mattium ist nicht bekannt, obwohl der römische Historiker Tacitus in seinen Aufzeichnungen die Zerstörung Mattiums durch den Feldherrn Germanicus beschrieb. Genaue geografische Angaben sind in Tacitus' Werk jedoch nicht vermerkt. Der römische Historiker hielt jedoch fest, dass Germanicus vor der Zerstörung noch die Eder überquerte. Nachdem Mattium, Hauptort der Mattiaker, 15 n. Chr. zerstört worden war, diente dieses Volk als menschliche Abgrenzung zu Germanien und als Schutztruppe für die in Mainz stationierten Soldaten. Ob die Mattiaker jetzt Freund oder Feind der Römer waren, ist nicht mehr nachzuvollziehen. Ihre Aufgabe bestand darin, den Brückenkopf bei Mainz zu schützen und das Gebiet der heißen Quellen. In den Jahren 40 bis 50 n. Chr. bauten die Römer ein Kastell im Quellengebiet. Gleichzeitig entstand eine Thermalanlage, die den Bekanntheitsgrad von »Aquae Mattiacorum« steigerte.

Der Stamm der Mattiaker wurde im ganzen römischen Reich vor allem durch die Mattiakischen Kugeln bekannt. Bei ihrer Herstellung spielte der am Rand der Quellen abgelagerte rote Sinter eine große Rolle. Sinter ist ein poröses Gestein, das durch Ablagerung aus fließendem Wasser entsteht. Diese Ablagerungen wurden zu Kugeln geformt und fleißig nach Rom exportiert. Es existieren Schriften aus den Jahren 85 und 86 n. Chr., welche der römische Dichter Martial verfasste, die von der Wunderwirkung der Mattiakischen Kugeln berichten: »Chattischer Sinter macht teutonische Haare noch glänzender. Benutzt du ihn, wirst du den Glanz der Haare der Gefangenen noch übertreffen.« Des Weiteren schreibt Martial, dass mit Hilfe des Sinters grauen Haaren vorgebeugt werden kann. Seine Schriften waren quasi römisches Marketing für den Wiesbadener Sinter.

Wisibada

Viele Hundert Jahre lang gab es keine schriftlichen Überlieferungen über Aquae Mattiacorum. Das römische Reich war zerschlagen und der Ort mit den heißen Quellen sich selbst überlassen. Erst zu Beginn des 9. Jahrhunderts finden sich erneut Hinweise auf die einstige Wellnessoase der Römer. Allerdings taucht die Stadt unter einem neuen Namen auf: Wisibada.

Der Biograf Karls des Großen, ein gewisser Einhard, berichtet über seinen Aufenthalt in der Siedlung mit den heißen Quellen. Einhard ist auf dem Weg von Seligenstadt nach Aachen. Im Gepäck hat er die Reliquien der beiden Heiligen Marcellinus und Petrus. 829 n. Chr. verfasste Einhard seinen Bericht »Translatio et Miracula SS. Marcellini et Petri«, in dem er Wisibada erwähnt. Dieses Schriftstück gilt als ältester Beleg für den neuen Namen der Stadt. Die handschriftlichen Aufzeichnungen von Einhard liegen heute, gut gesichert, im Vatikan.

Welche Bedeutung dem Namen zugrunde liegt, darüber sind sich die Wissenschaftler bis heute nicht einig. Handelt es sich bei Wisibada um ein »Bad in den Wiesen« oder vielmehr um ein »heilendes Bad«, da wis/wisi im Althochdeutschen »wissen, weise« oder mit »heilenden Kräften« begabt bedeutet? Das Rätsel muss ungelöst bleiben, die heißen Quellen sind aber auch bei dieser Namensgebung ausschlaggebend.

Über die Funktion oder Machtstellung Wiesbadens zwischen dem 9. und 11. Jahrhundert ist nur wenig bekannt. Die Stadt war vom karolingischen Herrscher zum Verwaltungszentrum, dem »Königssondergau«, erklärt worden. Im Klartext bedeutete dieser Umstand, dass Wisibada und seine Bürger dem König direkt unterstellt waren und zur Finanzierung des königlichen Hofstaates beitragen mussten. Wirtschaftliches Leben und der Handel mit Gütern existierten bereits damals in Wiesbaden. Das bezeugen Münzfunde, die 1921 im Rhein bei Biebrich gefunden wurden.

Einen weiteren schriftlichen Beleg für die Existenz Wisibadas findet sich in zwei Urkunden. Kaiser Otto der Große (912–973) machte 965 auf dem Weg von Ingelheim nach Frankfurt einen Abstecher nach Wiesbaden. In zwei Dokumenten, die auf den 12. April 965 datiert sind, wird dieser Besuch belegt. Grund für den Aufenthalt des Kaisers war die Neu-Weihe der Mauritiuskirche in Wiesbaden. Der heilige Mauritius war der persönliche Schutzpatron des Kaisers und Otto der Große ließ es sich nicht nehmen, den Kult um seinen Lieblingsheiligen im gesamten Reich zu fördern.

Die Grafen von Nassau

Das mittelalterliche Wiesbaden war ein Königssondergau. Das Gebiet dieses Königssondergaus erstreckte sich über die Fläche des ehemaligen römischen Verwaltungsbezirks Civitas Mattiacorum. Im Norden diente der Taunuskamm als Grenze, im Süden der Rhein. Die westliche Grenze bildete das Gebiet der heutigen Gemeinde Kemel im Rheingau-Taunus-Kreis, die östliche das Gebiet des heutigen Ortes Hofheim am Taunus. Als Stammvater des Hauses Nassau gilt ein Dudo von Laurenburg. Über viele Jahre hinweg herrschte das Geschlecht der Grafen von Nassau über Wiesbaden. Im 13. Jahrhundert tobte ein erbitterter Kampf um die kleine Stadt und ihre heißen Quellen. Die Grafen von Nassau, die Erzbischöfe von Mainz und auch das Adelsgeschlecht derer von Eppstein bekriegten sich, um an die Herrschaft über Wiesbaden zu gelangen. Dabei hatten bereits 1214 die Grafen von Nassau die Reichsvogtei Wiesbaden und den Königssondergau als Reichslehen erhalten. Neben dem Königshof und den dazugehörigen Gütern verfügten sie über das Patronat der Kirche in Wiesbaden. Kriegerische Aktionen standen daher eigentlich nicht zur Debatte. Streitigkeiten um die Vorherrschaft in Wiesbaden gab es leider nicht nur mit anderen Adeligen, auch in der eigenen Familie standen Zwistigkeiten auf der Tagesordnung und führten schließlich zu einer Teilung der nassauischen Besitztümer.

Walram und Otto

Graf Heinrich II. von Nassau (1190–1251) hätte sich bestimmt im Grab umgedreht, wenn er von der Teilung seines geliebten Be-

sitzes erfahren hätte. Mit viel Mühe und politischem Geschick
war es ihm gelungen, der Grafschaft Nassau einen angesehenen Ruf zu verleihen. Der Graf selbst galt als tüchtiger Soldat
und geschickter Kaufmann. Nicht umsonst erhielt der Finan-
zier vieler deutscher Fürsten den Beinamen »der Reiche«. Nach
seinem Tod im Jahr 1251 verwalteten seine Söhne Walram und
Otto das umfangreiche Erbe. Walram (ca. 1220–1276) war der älteste Sohn von Heinrich II. und Mathilde von Geldern, Otto (ca.
1225–1289/90) der dritte Sohn. Doch wie heißt es schön: Viele
Köche verderben den Brei, und die gemeinsame Verwaltung der
Besitztümer endete in Streitigkeiten. In der Folge entschlossen
sich Walram und Otto, ihr Land zu teilen. Der Fluss Lahn diente
als Grenze. Otto entschied sich für die Ländereien nördlich des
Flusses. Demzufolge fielen die südlichen Landesteile an Walram. Die Städte Idstein und Weilburg sowie die Gegend rund
um Wiesbaden und die Stadt selbst gehörten fortan zu Walrams
Besitz. Otto erhielt die Städte Siegen, Dillenburg und Herborn.
Die Burg und den Hof zu Nassau, den Familiensitz, verwalteten beide Brüder auch weiterhin gemeinsam. Mit dem Teilungs-
vertrag vom 16. Dezember 1255 begann eine jahrhundertelange
politische und geografische Trennung der walramischen und
der ottonischen Linie. Diese erste Teilung – in der Geschichte
des Geschlechts von Nassau folgten noch so einige – machte es
unmöglich, dass sich die Grafschaft Nassau zu einer bedeutenden Territorialmacht entwickeln konnte, denn die ottonische
und die walramische Hauptlinie blieben für immer gespalten.
Im Laufe der Jahrhunderte zersplitterte die Grafschaft in viele
kleine und kleinste Herrschaftsgebiete. Auch wenn die familiären Streitigkeiten zwischen Walram und Otto beigelegt worden
waren, befanden sich beide Brüder noch in zahlreichen anderen
Konflikten. Walram war in Fehden mit den Erzbischöfen von
Trier und Dehrnbach verwickelt, Otto führte Streitigkeiten mit
den Erzbischöfen von Trier und Köln.

Bis heute haben die zwei Ursprungslinien der Grafen von Nassau überlebt. Die walramische Linie stellt den Großherzog von Luxemburg; der aktuelle König der Niederlande, Willem-Alexander, ist ein Nachfahre der ottonischen Linie.

Burg Sonnenberg

Heute sind von der mächtigen Burg nur ein paar Ruinen übrig geblieben. An den Hängen des Vordertaunus errichteten ab 1200 die Brüder Ruprecht und Heinrich II. von Nassau ihre Stammburg. Sie sollte Wiesbaden gegen die Angriffe der benachbarten Herren von Eppstein schützen, mit denen die Nassauer permanent im Streit um Landesgrenzen lagen. Das Problem sah folgendermaßen aus: König Barbarossa war unbestrittener Herrscher über das Heilige Römische Reich Deutscher Nation. Um diesen Status zu erhalten, hatte er mithilfe der Nassauer Heinrich den Löwen besiegt.

Zum Dank für die Unterstützung erhielt das Grafengeschlecht Nassau von König Barbarossa den Königshof Wiesbaden als Lehen. Die Gerichtsstätte für den Wiesbadener Gau lag aber auf dem Herrschaftsgebiet der Eppsteiner. Diese ungünstige Konstellation führte unweigerlich zu ständigem Unfrieden.

Der Grund und Boden, auf dem die Burg errichtet wurde, gehörte damals nicht zum Lehen der Grafen von Nassau und war eigentlich Eigentum des Mainzer Domkapitels. Das hinderte die Brüder jedoch nicht daran, den Bau 1221 für vollendet zu erklären und öffentlich mitzuteilen, dass sie das *Castrum Sunneberc* in unrechtmäßiger und gewaltsamer Weise an sich gebracht hätten. Erst danach kauften sie dem Domkapitel den Boden ab und nahmen die Burg vom Erzstift als Lehen.

Die Burg Sonnenberg war eine von neun Burgen, auf denen das Banner der Nassauer wehte. Erste Veränderungen traten ein, als die Brüder Walram und Otto von Nassau beschlossen,

ihren geerbten Besitz zu teilen. Seit 1255 gehört die Burg Sonnenberg daher zur walramischen Linie. Für einen Ausbau der
Burg sorgte Walrams Sohn Adolf von Nassau, der spätere deutsche König, nachdem diese durch die Nassauisch-Eppsteinische
Fehde von 1283 stark in Mitleidenschaft gezogen worden war.
Als Adolf 1298 sein Leben auf dem Schlachtfeld ließ, nahm der
Mainzer Erzbischof Gerhard II. gemeinsam mit den Eppsteinern
die Burg ein und zerstörte sie. Adolfs Sohn Gerlach I. (1285–1361)
versöhnte sich später mit seinen ehemaligen Feinden. Er bekam
die Reste der Burg Sonnenberg zurück und baute sie aus. Schöner und größer als vorher sollte seine neue Behausung sein. Mit
Gerlach I. fing die Blütezeit der Burg an. Selbst der Kaiser des
Heiligen Römischen Reichs, Ludwig IV., ließ es sich nicht nehmen, 1338 der sicheren Festung einen Besuch abzustatten. Aber
erst sein Nachfolger Kaiser Karl IV. verlieh der stolzen Burg 1351
die Stadtrechte samt eigener Gerichtsbarkeit. Das Dorf am Fuß
der Burg erhielt eine Schutzmauer und war Teil der Burganlage.

> Stadtprivilegien für Wiesbaden sind in einem Freiheitsbrief aus
> dem Jahr 1393 überliefert. Graf Walram IV. zu Nassau regelt
> in diesem Dokument die Verteidigung der Stadt ebenso wie die
> Besteuerung der Bürger.

Graf Gerlach starb 1361 auf seiner geliebten Festung. Als neuer
Herrscher auf Burg Sonnenberg regierte fortan sein Sohn Ruprecht VII. (1340–1390). Dabei war Ruprecht ursprünglich nicht als
Erbe vorgesehen. Graf Gerlach von Nassau hatte, um eine Zer-
splitterung der Grafschaft zu vermeiden, seine Söhne aus zweiter
Ehe, Kraft und Ruprecht, von der »Regierung der nassau-wal-
ramischen Lande« ausgeschlossen. Ruprecht hatte daraufhin in
Mainz eine klerikale Laufbahn eingeschlagen. Seiner Mutter Ir-
mengard von Hohenlohe-Weikersheim gelang es jedoch, 1355 einen Vertrag auszuhandeln, der ihren Söhnen zumindest die Erbfolge ihres Witwenerbes, dazu zählten Burg Sonnenberg und ei-

nige kleinere Besitztümer und Zollanteile, zusichern sollte. Kraft, als der ältere der beiden Brüder, war eigentlich als neuer Herrscher auf Burg Sonnenberg vorgesehen. Er starb jedoch bereits 1356 in den Wirren des Hundertjährigen Krieges. Daher trat Ruprecht, der mittlerweile seine geistliche Karriere beendet hatte, 1361 sein vertraglich zugesprochenes Erbe an. Das missfiel Ruprechts Halbbrüdern, welche aus der ersten Ehe von Graf Gerlach I. stammten. Es kam zu einem neuen Vergleich, der Ruprecht zumindest als Herr auf Sonnenberg bestätigte. Die Burg Sonnenberg samt ihren Ländereien war jedoch von überschaubarer Größe, sodass Graf Ruprecht VII. als der »Graff ohne Lant« in die Limburger Chronik einging. Ruprecht hat sich im Laufe seines Lebens noch ganz andere Beinamen erarbeitet, zum Beispiel »der Kriegerische« oder »der Streitbare«, da er nach der Hochzeit mit Anna von Nassau-Hadamar im Jahr 1362 in unzählige Fehden verwickelt war. Johann von Nassau-Hadamar, Annas Vater, starb zwei Jahre nach der Hochzeit. Nassau-Hadamar wurde von Annas Brüdern Heinrich und Emich III. regiert. Nach Heinrichs Tod 1367 blieb Emich III. als männlicher Nachfolger übrig. Annas Bruder erwies sich jedoch als »wegen Geistesschwäche regierungsunfähig« und Ruprecht meldete, ebenso wie Otto von Braunschweig, Ansprüche an. Es kam erneut zu einer Reihe von Streitigkeiten, die Ruprecht erst 1384 niederlegte.

Trotz seiner Reibereien mit anderen Adelshäusern verstand der Graf von Nassau-Sonnenberg, Schaden von seiner Residenz abzuwenden. Bereits 1365 legte Ruprecht VII. fest, dass die Burg Sonnenberg nach seinem Tod als Witwensitz für seine Frau Anna dienen sollte. Als Ruprecht 1390 starb, hinterließ er keine Kinder und so fiel 1391 Burg Sonnenberg in den Besitz von Graf Diether VIII. von Katzenelnbogen, der Ruprechts Witwe Anna geheiratet hatte. Nach Annas Tod im Jahr 1405 kamen die Grafen von Idstein und Weilburg in den Genuss der Burg, die sich ihren ererbten Besitz teilten. In den folgenden 200 Jahren verfiel die Burg nach und nach. Erst zwischen 1554 und 1566 konnte

Burg Sonnenberg nochmal an ihre glanzvollen Tage anknüpfen. Graf Philipp II. von Nassau-Idstein wählte die Burg als Wohnsitz. Da er unverheiratet und kinderlos war, blieb die Burg nach seinem Tod unbewohnt und wurde ihrem Schicksal überlassen. Während des Dreißigjährigen Krieges, der Wiesbaden übel zugesetzt hatte, hausten Räuber und Soldaten auf der Burg. Nach Ende des Krieges diente die Burg Sonnenberg als Steinbruch für den Wiederaufbau der im Tal liegenden Häuser.

Die einst umkämpfte Festung fristete lange Zeit ein Dasein als Ruine. Erst im 19. Jahrhundert entdeckten Kurgäste aus Wiesbaden die romantische Burgruine als Ausflugsziel wieder. Selbst der deutsche Dichterfürst Johann Wolfgang von Goethe unternimmt am Vorabend seines 65. Geburtstags im Jahr 1814 einen Spaziergang auf die Burg Sonnenberg. 1826 investiert die Kurhaus-Aktiengesellschaft in die Ruine viel Geld und lässt eine Wirtschaft, eine Turmstube sowie einen Aussichtstempel entstehen. Obwohl 1875 Sonnenberg noch kein Ortsteil der Kurstadt ist, erwirbt Wiesbaden das romantische Kleinod.

Die Burg Sonnenberg um 1840. Ehemaliger Sitz der Grafen von Nassau

König Adolf von Nassau

Als der kleine Adolf um das Jahr 1250 herum das Licht der Welt erblickte, war nicht abzusehen, dass er eines Tages König wird. Sein Vater war Graf Walram II. von Nassau und seine Mutter Adelheid von Katzenelnbogen. Adolf stammte zwar aus gutem Haus, aber als zweitgeborener Sohn eines Grafen war er kein Anwärter auf den Thron des Heiligen Römischen Reiches. Um das Jahr 1270 ehelichte der junge Adolf Imagina von Isenburg-Limburg, und 1277 beerbte er seinen Vater. Zu den Gebieten des neuen Grafen von Nassau gehörten die Ländereien südlich der Lahn im Taunus sowie die Herrschaft über Wiesbaden und Id-stein. Aus einem Dokument, welches auf das Jahr 1280 datiert ist, geht hervor, dass Graf Adolf ab diesem Jahr die Steuerhoheit über Wiesbaden besaß. Diese ausgeweitete Macht der Familie von Nassau missfiel Gottfried III. von Eppstein. Es kam 1280 zur Nassauisch-Eppsteinischen Fehde, in deren Folge die Eppstei-ner die Stadt Wiesbaden und die Burg Sonnenberg zerstörten. Nach drei Jahren kam es 1283 letztendlich zu einem Vergleich. Graf Adolf ließ die Stadt Wiesbaden und die Burg Sonnenberg wieder aufbauen, die neben seinem Hauptwohnsitz Idstein eine seiner Residenzen wurde. Für Idstein erlangte Adolf 1287 die Stadtrechte und baute die Befestigungen aus.

Die Kurfürsten wählten ihn am 5. Mai 1292 zum Nachfolger von König Rudolf. Sie entschieden sich mit dieser Wahl gegen den Sohn von König Rudolf, Herzog Albrecht von Habsburg. Der auf der großen Weltbühne unerfahrene Graf Adolf schien den Kurfürsten politisch schwach und leicht zu beeinflussen. Hinzu kam, dass Adolf den Kurfürsten vor seiner Wahl eini-ges an Rechten und Besitztümern versprochen hatte. Natürlich nur für den Fall, dass er der nächste König werden würde. Ein paar Tage vor der Wahl hatte sich bereits der Kölner Erzbischof eine Reihe von Besitztümern von Adolf gesichert. Laut einer Ur-kunde vom 27. April 1292 würden bei einem Wahlsieg Adolfs einige Reichsstädte und Reichsburgen neben einer Summe von 25.000 Mark in Silber in den Besitz des Erzbischofs übergehen. Die Kurfürsten, das waren die sieben ranghöchsten Fürsten im Heiligen Römischen Reich, ließen sich von Adolf ähnliche Zugeständnisse bestätigen. Allerdings erst für die Zeit nach der Wahl. So versprach Adolf dem böhmischen König Wenzel in einem Dokument vom 30. Juli 1292, dass er dem Habsburger Albrecht die beiden Herzogtümer Österreich und Steiermark wieder entziehen würde. Ein Wunsch, den König Adolf bestimmt nur zu gern erfüllte, war Albrecht doch Adolfs Konkurrent um den Königsthron.

Am 24. Juni 1292 fand die Krönung Adolfs von Nassau zum römisch-deutschen König in Aachen statt. Entgegen der landläufigen Meinung, dass König Adolf leicht zu beeinflussen war, vor allem zugunsten der Kurfürsten, entwickelte er sich zu einem selbstbewussten Herrscher. Sein Hof war Anziehungspunkt für alle, die Schutz vor den immer mächtiger werdenden Territorialherren im Reich suchten. Wobei König Adolf sein eigenes Territorium, dank geschickter Politik, großflächig erweiterte. In seinem Stammland, Idstein und Wiesbaden, war Adolf nach der Königskrönung nur noch selten anzutreffen. Die Regierungsgeschäfte vor Ort hatte er vertrauensvoll in die Hände von Burgmännern gelegt. Von seinen einstigen Wahlversprechen nahm König Adolf hingegen Abstand. Das brachte ihm keine Freunde ein. Im Gegenteil. Ehemalige Befürworter, wie König Wenzel, versammelten sich im Frühling 1297, um gemeinsam mit Herzog Albrecht von Habsburg über den Sturz des Königs zu beraten. Ein Treffen zwischen dem Mainzer Erzbischof, dem Herzog von Sachsen und dem Brandenburger Markgrafen am 23. Juni 1298 führte schließlich zu einem Gerichtsverfahren gegen den König. Einen König, der nach damaligem Verständnis durch Gott zum Herrscher gemacht worden war – seine Absetzung wäre nur durch den Papst möglich gewesen. In dem Gerichtsverfahren wurde Adolf wegen zahlreicher Verbrechen angeklagt, darunter so eigensinnige Vergehen wie »die Schändung von Hostien«. Am Ende der Verhandlung wurde Adolf seines Amtes für unwürdig erklärt und als König abgesetzt. Im Anschluss wählten die Kurfürsten Albrecht von Habsburg zum neuen Herrscher. Letztendlich fiel die Entscheidung jedoch auf dem Schlachtfeld, denn so einfach ließ sich Adolf von Nassau nicht vom Thron schubsen. Im

Adolf von Nassau

Juli 1298 kam es zwischen den beiden Rivalen Adolf und Albrecht zum Showdown auf dem Schlachtfeld. Besagter Kampf ist als die Schlacht bei Göllheim in die Geschichtsbücher eingegangen, in dessen Verlauf Adolf von Nassau sein Leben ließ und seine Truppen geschlagen wurden.

Kloster Klarenthal

Ein halbes Jahr vor seinem Tod hatten König Adolf und Königin Imagina bei Wiesbaden ein Kloster gegründet. Die Abtei diente als nassauisches Hauskloster und sollte die Versorgung der weiblichen Mitglieder der Familie Nassau sowie befreundeter Adelsfamilien sicherstellen. Adelheid, eine Tochter von Adolf und Imagina, stand seit 1311 als Äbtissin dem Kloster Klarenthal vor. Es war angedacht, dass das Kloster als Begräbnisstätte für alle Mitglieder der Familie Nassau dienen würde. König Adolf fand jedoch eine andere letzte Ruhestätte. Seine Überreste liegen bis heute in der Kaisergruft des Doms zu Speyer. In direkter Nachbarschaft zu seinem ehemaligen Erzfeind Albrecht.

Zu Ehren der heiligen Klara ließen Adolf und Imagina das

Kloster vor den Toren der Stadt Wiesbaden errichten. Die Pläne
für den bescheidenen Bau stammten von zwei Mainzer Fran-
ziskanermönchen. Den Lehren des heiligen Franziskus folgend,
bestand das Kloster, außer aus der Kirche und dem Nonnen-
gang, aus einem Kreuzgang und einem Gästehaus. Selbstverständlich gehörte auch eine Reihe von Zweckbauten für die Versorgung seiner Bewohner dazu. Der Grundstein für das Kloster wurde bereits 1296 gelegt, der Stiftungsbrief aber erst am 6.
Januar 1298 in Speyer niedergeschrieben und von König Adolf
unterzeichnet. Im Jahr 1304 war das Kloster fertiggestellt, und
die ersten Frauen zogen ein. Neben Imagina gehörten auch die
zwei Schwestern des verstorbenen Königs Adolf, Richardis und
Agnes, zu den ersten Bewohnerinnen. Adelheid, die Tochter von
Imagina, zog ebenso in den neuen Klosterbau wie eine Frau mit
Namen Benigna aus der Familie der »Edlen von Wiesbaden«. Im
Laufe der Zeit füllten sich die Räumlichkeiten im Kloster, wo jedoch nie mehr als 20 Frauen gleichzeitig lebten. Ihr Leben war
ganz den strengen Regeln des Klarissenordens unterworfen. Ein
Großteil des Tages war für Gebete reserviert. In der Öffentlich-
keit ließen sich die Klosterfrauen nur selten blicken.

Im Laufe ihrer 250-jährigen Geschichte wuchs die einstige be-
scheidene Behausung zu einer stolzen Anlage heran, denn arm
war das Kloster nicht. Zu seinen Besitztümern zählten Güter in
Oppenheim und Nieder-Hilbersheim sowie der Biebricher Adel-
heidshof und der Kasteler Armenruh-Hof. Bereits 1307 kaufte
das Kloster dem aus Dotzheim stammenden Ritter Sibodo einen
Hof in Biebrich mit 83 Morgen Ackerland ab. Nicht zu vergessen
ist die Mitgift, die eine Klosterfrau bei Eintritt zahlen musste.
Denn nicht jedes adlige Fräulein durfte in den heiligen Klosterbau. Für ein Leben hinter dicken Klostermauern bedurfte es
der Zustimmung des Grafen von Nassau und der Zahlung einer
Mitgift, die nicht unter 100 Gulden lag. Hinzu kamen zahlreiche
Schenkungen, mit denen man für das eigene Seelenheil sorgten
konnte. Wer besonders großzügig war, sicherte sich mit seiner

Zahlung einen Begräbnisplatz hinter den Klostermauern, wie jener Ritter Sibodo, dessen Grabdenkmal heute die neue Klarenthaler Kapelle ziert.

Ab 1328 durften auch nicht adlige Frauen in das Kloster aufgenommen werden. Papst Johannes XXII. hatte sich persönlich dafür eingesetzt. Wie in allen Klöstern gab es auch in Klarenthal neben den Nonnen Laienschwestern, denen die praktische Arbeit und die Versorgung der Chorschwestern oblagen. Mit der Einführung der Reformation in der Mitte des 16. Jahrhunderts geht auch die Geschichte des Klosters Klarenthal als Begräbnisstätte und Hauskloster des Geschlechts derer von Nassau zu Ende. Es kamen keine Novizinnen nach, da es dem Landadel am nötigen Geld fehlte, um die Aufnahmegebühr für das Klosterleben zu entrichten. Hinzu kam eine generelle Ablehnung gegen das Klosterleben von Seiten der Reformation. Aber auch Graf Philipp III. von Nassau-Weilburg war nicht ganz unschuldig am Untergang des Klosters. Die im Kloster aufbewahrten Dokumente ließ er 1553 fortbringen und er genehmigte nicht mehr die Aufnahme von neuen Ordensschwestern in das Kloster Klarenthal. 1559 verließen die letzten Nonnen das Kloster und das Gebäude durfte für weltliche Zwecke verwendet werden.

Im spätmittelalterlichen Wiesbaden kam es zur Gründung eines besonderen Ritterbundes: der Löwengesellschaft. Die adligen Mitglieder verpflichteten sich, einander Schutz zu gewähren und sich bei Angriffen zu unterstützen. Erkennungsmerkmal für jeden Ritter war ein Anstecker in Form eines goldenen Löwen. Knappen trugen einen silbernen Löwen. Bereits wenige Jahre nach seiner Gründung im Jahr 1397 gehörten diesem Ritterbund auch Mitglieder aus Ländern an, die im Bereich der heutigen Schweiz oder der Niederlande lagen.

Badekuren im Mittelalter

Eine ausgeprägte Badekultur, wie die Römer sie einst in der Stadt der heißen Quellen geschaffen hatten, fand sich auch im mittelalterlichen Wiesbaden wieder. Neben einer ganzen Reihe von Gutshöfen prägten vor allem Badehäuser das Bild der Stadt. Sie trugen die Familiennamen ihrer Besitzer und hatten daher so eigentümliche Namen wie »Cles Feszirs Bad«, »das Bad des langen Hartmud« oder »Wigel uff dem Bade«. Einen ersten Hinweis auf die traditionelle Badekultur in Wiesbaden findet sich in einer Überlieferung aus der ersten Hälfte des 13. Jahrhunderts. Es handelt sich dabei um einen Wunderbericht, der in Zusammenhang mit der heiligen Elisabeth von Thüringen steht. Demnach soll ein Badegast in einem der Wiesbadener Thermalbecken plötzlich untergegangen und einige Zeit später wie tot aus dem Wasser gezogen worden sein. Nachdem Umstehende die heilige Elisabeth um Hilfe angerufen hatten, erwachte der Badegast wieder zu Leben. Was auch immer damals wirklich geschah, ist nicht geklärt, doch gibt dieser Vorfall Einblick in die Badekultur im Mittelalter. Man badete gemeinsam in einem großen Becken und nicht in Einzelkabinen. Es gab Badehäuser, in denen man sich ausruhen konnte, und das Wasser war anscheinend so tief und trüb, dass ein Badegast unbemerkt ertrinken konnte. Ein weiterer Hinweis auf die Badekultur im mittelalterlichen Wiesbaden findet sich im Werk von Bartholomaeus Anglicus »De proprietatibus rerum«. Der englische Franziskaner schreibt über die »warmen und zur Heilung des Körpers dienlichen Quellen, die dort im Inneren der Erde entspringen«.

Im 15. Jahrhundert nahmen die Badekuren ein ungewöhnliches Ausmaß an. Es war nicht selten, dass Menschen bei einer dreiwöchigen Badekur über 100 Stunden im Wasser verweilten. Damals herrschte die Meinung, dass viel Baden auch viel helfe. Das heilende Wasser nutzten die Kurenden nicht nur äußerlich, auch die Trinkkuren waren zu dieser Zeit der Renner. Bis zum

Ausbruch des Dreißigjährigen Krieges (1618–1648) gab es einfache Gemeinschaftsbäder, in denen Arm und Reich sowie Jung und Alt gemeinsam im Wasser kurten. Einige von ihnen badeten nackt, die anderen trugen hemdähnliche Gewänder. Da langes Baden ja so gesund war, nahmen die Kurgäste ihr Essen am Beckenrand oder auch direkt im Wasser ein.

Das bevorzugte Getränk im 16. Jahrhundert in Wiesbaden war Wein. Zu jedem guten Geschäftsabschluss gehörte der »Weinkauf«, ein Umtrunk, der das Geschäft besiegelte. Am fürstlichen Hof flossen vor allem alte Weine aus der Region, die bereits das eine oder andere Jahr im Keller verbracht hatten, die trockenen Kehlen hinab. Edel Tropfen wie Muskateller oder Malvasier durften im gräflichen Weinbestand nicht fehlen. Das einfach Volk musste sich mit dem sauren Nassauer Wein oder dem Wiesbadener Rotwein zufriedengeben. Die Weinschankordnung von 1527 verbot das Mischen von Wein und Wasser. Junge Weine durften aber mit Rosmarin und Eisenkraut versetzt und als Glühwein angeboten werden.

Wie ein Phönix

Im 17. Jahrhundert schien es, als stünde das Ende Wiesbadens vor der Tür. Krieg, Pest und Plünderei bestimmten ein halbes Jahrhundert lang das Leben in der Stadt an den heißen Quellen. Ein Leben, das fast zum Erliegen kam. Die Badehäuser verfielen, ganze Straßenzüge und unzählige Häuser waren wie leergefegt. Auf dem Marktplatz wucherte das Unkraut, Kirchen waren zerstört, die Einwohner vom Feind vertrieben. Die erste Hälfte des 17. Jahrhunderts meinte es nicht gut mit der ehemaligen Kurstadt. Doch dank der geschickten Politik der nassauischen Grafen stieg Wiesbaden wie ein Phönix aus der Asche wieder auf.

Das Beste ist gerade gut genug

Bevor das Übel über die Stadt hereingebrochen war, hatten die Bürger optimistisch der Zukunft entgegengesehen. Wiesbaden war gewachsen und gedieh. Es war der ideale Zeitpunkt, damit die Vertreter der Stadt in einer angemessenen Bleibe ihre Zusammenkünfte abhalten konnten. Die alte »Hütte« am Marktplatz hatte ausgedient. Prächtiger musste es sein. Repräsentativer. Daher beschlossen die Wiesbadener Stadtväter, ein echtes Rathaus zu bauen. Es dauerte zwar ein paar Jahre, bevor Graf Ludwig II. (1565–1627) der Stadt ein geeignetes Grundstück überließ, aber 1609 wurde endlich der Grundstein gelegt. Die Pläne für den stolzen Bau, dessen untere Etage aus Stein und das Obergeschoss aus Fachwerk bestand, fertigte Valerius Bausendorf, Baumeister der Stadt, an. Bei den Kosten für den neuen Bau ließen die Stadtväter sich nicht lumpen.

Die geschnitzten Balken des Fachwerks sowie die geschnitzten Tafeln, welche die Fassade zierten, bestellten sie für teures Geld in Straßburg. Der Straßburger Bildhauer Hans-Jacob Schütterling verzierte den Fachwerkbau mit den Darstellungen der sieben Tugenden: Gerechtigkeit, Tapferkeit, Mäßigung, Klugheit, Glaube, Hoffnung und Liebe. Darüber hinaus erhielt er den Auftrag zwei Wappentafeln anzufertigen. Auf dem einen war das Wappen des Landesfürsten abgebildet, neben dem ein Pelikan zu sehen ist. Der Pelikan war damals das Sinnbild für einen Fürsten, der sich für seine Untertanen aufopferte. Auf der anderen Tafel waren das Stadtwappen und ein Phönix abgebildet. Der Phönix stand als Symbol für eine Stadt, die trotz Krieg und großer Brände immer wieder auferstanden ist. Für die Steinmetzarbeiten zeigte sich der Mainzer Cyriac Flügel ver-

Das Wiesbadener Wappen am Alten Rathaus

antwortlich. Der ganze Prunkbau verschlang Unmengen von
Geld. Die gesamte Bausumme belief sich auf 3625 Gulden Mainzer Währung. Die Bürger waren über diese hohen Ausgaben gar
nicht erfreut. Am 1. März 1614 klagten sie den Schultheißen an,
da dieser ohne Rücksprache mit der Bürgerschaft die Stadt in
hohe Schulden gestürzt hatte. Das war natürlich nicht erfreu-
lich, aber andererseits besaßen die Wiesbadener nun ein einzigartiges Rathaus. Selbst der Graf von Nassau zeigte sich äußerst
angetan davon. Am liebsten hätte er der Stadt das Rathaus abge-
kauft, damit Wiesbaden seine Schulden begleichen konnten. Als
gräfliches Amtshaus hätte er das prächtige Gebäude nur allzu
gern sein Eigen genannt.

Dreißig leidende Jahre

Wenige Jahre nach der Fertigstellung des neuen Rathauses
brach 1618 der Dreißigjährige Krieg aus; er ließ die Wiesbadener
schrecklich leiden, auch wenn sie zunächst gedacht hatten, darauf gut vorbereitet zu sein: Die Wallgräben, die schützend um
die Stadt lagen, waren randvoll mit Wasser gefüllt und Mauern
sowie Tore lückenlos geflickt, um dem Feind Widerstand zu leisten. Alle Wiesbadener Männer zwischen 16 und 60 Jahren waren
an der Waffe geübt und bereit für den Kampf. Der Krieg kam
schneller in die Stadt, als es den Bewohnern lieb war. 1619 zogen
die ersten Truppen durch den Rheingau und passierten dabei
die Kurstadt. Zuerst belagerten die Truppen von Johann Philipp Cratz von Scharffenstein (1590–1635), das beschauliche Wiesbaden. Anschließend machte es sich ein spanisches Hilfskorps
in Schierstein gemütlich, wo die rund 1500 Soldaten übel hausten und sehr vergnügt lebten. Doch das war nur der Anfang.
1623 warb General Adam von Herberstorff in Wiesbaden Soldaten für das Heer des Kaisers an, und Generalleutnant von Tilly
(1559–1632) schlug sein Hauptquartier in Erbenheim auf. Wies-

baden war verpflichtet, den General und seine Mannen mit Kost und Logis zu versorgen. Als wäre Wiesbaden nicht schon genug angeschlagen gewesen, fiel 1626 der kaiserlich-wallensteinische Obrist von Görzenich mehrmals über die Stadt her, hatte er doch sein Lager in Idstein aufgeschlagen. Seine Soldaten beraubten die Bürger, vergewaltigten die Frauen, plünderten die Kirchen und stürmten das Rathaus, aus dem sie alles entwendeten, was von Wert war. Immerhin kam von Görzenich nicht ungeschoren davon. Der Oberbefehlshaber der kaiserlichen Armee Wallenstein (1583–1634) beorderte von Görzenich nach Rendsburg ins Hauptquartier. Vor einem Schandgericht musste der Obrist Stellung nehmen; er wurde letztendlich einen Kopf kürzer gemacht.

Als wären die Auswirkungen des Dreißigjährigen Krieges nicht schon schlimm genug für die Stadt, bricht in den Jahren 1623 und 1626 die Pest unter den Bürgern aus und fordert viele Opfer. Nur kurzzeitig kehrt etwas Ruhe in die angeschlagene Stadt ein. 1628 müssen die Bürger für die Kuraufenthalte von Generalleutnant von Tilly aufkommen. Ebenso müssen sie Kost und Logis für die Offiziere und Soldaten übernehmen, welche die beiden spanischen Heerführer Caraffa und Colalto in der Kurstadt einquartieren. Die Offiziere belagern die bekannten Badehäuser »Adler«, »Krone« und »Rose«, die einfachen Soldaten erhalten einen Schlafplatz in Bürgerhäusern.

Mit der Versorgung sah es jedoch nicht gut aus. Schlechte Ernten führten zu einer Hungersnot, und viele Menschen flüchteten in die umliegenden Großstädte wie Mainz oder Frankfurt. Tilly und seine Offiziere hingegen zogen wieder in den Kampf und mussten sich dem schwedischen König Gustav II. Adolf (1594–1632) geschlagen geben. Die Schweden eroberten Stück für Stück das Land und letztendlich mussten die verbliebenen Wiesbadener Bürger schwedische Soldaten versorgen. Doch der schwedische König war auf dem absteigenden Ast und rund um Wiesbaden herrschten Sodom und Gomorrha. Als die Schweden schließlich 1635 aus Wiesbaden abzogen, hinterließen sie verbrannte Erde. In der ganzen Stadt litten die Menschen an Hunger, desertierte Soldaten zogen raubend und mordend durch das Land. In Wiesbaden gab es keine Schulen mehr und auch Gottesdienste wurden nur noch selten gehalten. Graf Johann von Nassau-Idstein (1603-1677) floh ins Exil nach Metz. Der Kaiser hatte ihm seinen Besitz entzogen, da der Graf gemeinsam mit Frankreich und Schweden gegen die kaiserlichen Truppen gekämpft hatte. 1637 fiel Wiesbaden unter die Herrschaft des Mainzer Erzbischofs. In der Stadt lebten zu diesem Zeitpunkt noch 103 Menschen. Von den Badehäusern war nicht mehr viel übriggeblieben, und ganze Straßenzüge verödeten. Als wäre das Leben in der Stadt nicht schon schlimm genug, fielen im Jahr 1644 500 Reiter der bayerischen Obristen Wolf und Spork in Wiesbaden ein, welche die Stadt endgültig in Schutt und Asche legten. Die bayerischen Obristen vertrieben die letzten Überlebenden und beraubten sie der Kleidung, die sie am Leib trugen. Wiesbaden war eine Wüste. Auf dem Marktplatz wucherte das Unkraut, viele Häuser existierten nicht mehr, das alte Schloss war zerstört.

Erst der Frieden von Münster im Jahr 1648 brachte Ruhe ins gesamte Land. Doch Ruhe herrschte schon lange in Wiesbaden, welches einer Geisterstadt ähnelte.

Mit eisernem Willen am Kragen gepackt

Graf Johann nimmt sich seiner Besitztümer Wiesbaden, Idstein, Sonnenberg und Wehen nach dem Ende des Dreißigjährigen Krieges wieder an, die er 1627 von seinem Vater Graf Ludwig geerbt hatte. Schweden und Frankreich setzen sich im Westfälischen Frieden dafür ein, dass ihr Verbündeter Graf Johann von Nassau-Idstein seinen Besitz zurückerhielt. Ende 1646 kehrt er aus dem Exil in sein entvölkertes und verwüstetes Herrschaftsgebiet zurück. Er schnappt sich Wiesbaden und zieht es aus dem

Dreck. Mit eisernem Willen und geschickten Fördermaßnahmen. Der Graf lockt Fremde in die Stadt, indem er ihnen zu sehr günstigen Konditionen Grundstücke und Häuser anbietet. Darüber hinaus gewährt er Zuschüsse für Bauherren und fördert den Wiederaufbau der Badehäuser. Der Kurbetrieb soll schließlich schnell wieder erwachen. Graf Johann lässt die Straßen pflastern, den Schulbetrieb wieder aufnehmen und sorgt dafür, dass die Wochenmärkte wieder regelmäßig stattfinden. Das Badewesen in Wiesbaden und Schlangenbad kommt langsam wieder in Schwung.

Graf Johann hinterließ zwei bedeutende, eigenhändig verfasste Schriftstücke. Dazu gehört ein politisches Testament, in dem er allgemein und im Detail seine Erfahrungen als Regent wiedergibt und Ratschläge erteilt. Er weist in seinem politischen Testament ausdrücklich darauf hin, dass das Regentenamt eine Aufgabe ist, für deren Erfüllung ein Regent später vor Gott Rechenschaft ablegen muss. Bei dem anderen Schriftstück handelt es sich um eine »Instruction für einen künftigen Regenten«, in der Graf Johann in aller Eindringlichkeit seine Lebensmaximen darlegt, wie zum Beispiel »Regenten sind Gottes Amptleut, Obrigkeit muß Gottes Wort, die inn sein Vatterlandt gebräuchliche Rechten wissen, der Underthanen Lieb muß nicht durch Übersehung der Laster gesucht werden« und andere streng klingende Grundsätze. In 39 einzelnen Punkten und weiteren 21 dicht beschriebenen Seiten hinterlässt er seinen Erben das Vermächtnis. Graf Johann war ein pflichtbewusster, aber dennoch fürsorglicher Landesvater. Er wollte sein Volk beschützen. Leider war er auch fest von der Existenz von Hexen und ihrer Fähigkeit, Gutes wie auch Böses zu bewirken, überzeugt. Aus diesem Grund setzte er für das Seelenheil seiner Landeskinder, unterstützt von Kirche und Beamtenschaft, rigorose Hexenprozesse in Gang.

Graf Johann heiratete 1630 in erster Ehe die Markgräfin Sibylla Magdalena von Baden-Durlach (1605–1644). Die Gräfin und drei der Kinder starben im Exil in Straßburg. 1646 schloss Graf Johann eine Ehe mit Gräfin Anna von Leiningen-Dagsburg (1625–1668), mit der er zehn Kinder hatte. Nur drei seiner zahlreichen Nachkommen überlebten den Grafen, darunter sein einziger Sohn, der spätere Idsteiner Fürst Georg August Samuel (1665–1721).

Moderner Fürst mit wirtschaftlichen Ambitionen

Der alttestamentliche Name Samuel, der »von Gott erhört« bedeutet, lässt es erahnen: Georg August Samuel, der am 26. Februar 1665 auf die Welt kam, war sehnlichst erwartet worden. Alle vor ihm geborenen Söhne waren verstorben, und der regierende Graf Johann von Nassau hatte bereits das 62. Lebensjahr vollendet. Viel gemeinsame Zeit konnte der Graf mit seinem Sprössling nicht verbringen, starb der amtierende Landesherr bereits zwölf Jahre nach der Geburt seines Sohnes. Der neue Herr und Vormund des Erbfolgers Georg August wird Johann Casimir von Leiningen-Dagsburg, ein Onkel mütterlicherseits.

Nach dem Studium in Gießen und einer großen Kavalierstour, die Georg August nach Frankreich, Holland und sogar nach England führte, erklärte ihn 1684 Kaiser Leopold (1640–1705) für volljährig, sodass er endlich die Nachfolge seines 1677 verstorbenen Vaters antreten konnte. Um das Ansehen seines Hauses zu erhöhen, erneuerte er 1688 beim Kaiser in Wien die Fürstenwürde, die dem Haus Nassau bereits 1366 von Kaiser Karl IV. verliehen worden war. Die Kosten von über 20.000 Talern teilte er sich mit seinem Usinger Vetter, während die Weilburger Verwandtschaft die Zahlung ihres Anteils verweigerte. Als Hauptresidenz wählte der junge Fürst die Stadt Idstein, Wiesbaden fungierte zu dieser Zeit als Nebenresidenz. Am 22. November 1688 heiratete der Fürst Prinzessin Henriette Dorothea von Oettingen (1672–1728), mit der er zwölf Kinder hatte. Alle drei Söhne starben im frühen Kindesalter.

Wie sein Vater bemühte sich auch Georg August, die Schäden

des Dreißigjährigen Krieges in den Griff zu bekommen. Daher
förderte der junge Regent die Baupolitik in seinem Herrschaftsgebiet und versuchte sein Land attraktiv zu gestalten, damit sich
neue Bürger ansiedelten. Für seine Ländereien richtete der Fürst
eine Art Miliz gegen Räuber und Gesindel ein, zu der Wiesbaden 30 junge Männer beisteuerte. Darüber hinaus förderte
Georg August das Badewesen in der Kurstadt. Wer neu nach
Wiesbaden kam, sollte für 15 Jahre von allen Gemeindesteuern
befreit sein. Bauland sowie Baumaterialien wurden kostenlos
zur Verfügung gestellt. Aber auch alteingesessene Wiesbadener
sollten am Aufschwung teilhaben. Der Fürst sorgte dafür, dass
die Wirtschaft in seinem Reich in Schwung kam und so ließ er
im Kloster Klarenthal eine Manufaktur für Spiegel einrichten.
Georg August sorgte für den Ausbau der Landstraßen und die
Einrichtung einer regelmäßigen Postverbindung.

In Wiesbaden ließ er das alte Schloss erneuern, die Mauritiuskirche umgestalten und die Straßen neu anlegen, sodass Wiesbaden einen städtischen Charakter erhielt. Auch die Bürgerschaft musste sich am Aufschwung beteiligen. Daher erließ der
Fürst am 16. März 1703 eine Verordnung, wonach jeder Besitzer
eines unbebauten Hofreitplatzes mit dem Entzug des Grund-
stückes rechnen musste, sollte er sich nicht binnen acht Tagen
zum Bau verpflichten. In der Regierungszeit von Georg August
wurde die Stadtmauer samt Türmen und Toren erneuert. Von
großer Bedeutung bis in die heutige Zeit hinein war jedoch die
Grundsteinlegung für ein kleines Jagdschloss am Rhein. Das
1701 erbaute Gartenhaus für Fürstin Henriette Dorothea entwickelte sich bis 1744 zu einem beeindruckenden Barockschloss.

Wiesbaden sollte als Kurstadt wieder aufblühen. Daher erhielt Eberhard Melchior, Leibarzt Georg Augusts, den Auftrag,
eine neue Badeschrift zu verfassen. 1698 erschien aus diesem
Grund »Ein Ausführlicher, genauer Ursprünglicher Bericht und
Chur-Buch von Krafft und Würckung der Weltbekandten und
von Gott gesegneten Heylsamen Bäder von Wißbaden«. Es war

dringend nötig, die Werbetrommel für Wiesbaden zu rühren, da die starke Konkurrenz aus den umliegenden Bädern Schlangenbad und Bad Schwalbach nicht schlief. Diese Kurorte hatten den Dreißigjährigen Krieg wesentlich besser überstanden und begannen mit ihren Trinkkuren von mineralhaltigem Heilwasser den bisherigen Warmbadeort Wiesbaden zu überflügeln. Um die Kur für Gäste attraktiver zu gestalten, ließ der Fürst am Rand der Stadt, nahe dem Schloss, den sogenannten Herrengarten anlegen – Wiesbadens ersten Kurpark.

Damit Briefe in seinem Reich besser von A nach B transportiert werden konnten, sorgte der Fürst für die Einführung einer Post. Bis 1711 existierte nur eine Linie zwischen Wiesbaden und Frankfurt, die zweimal wöchentlich bedient wurde. In die Residenz nach Idstein verirrte sich der Postbote nicht. Obwohl das Haus Thurn und Taxis das Postmonopol besaß, sah sich der Reichspostgeneral nicht in der Lage, eine Postverbindung zwischen Idstein und Wiesbaden einzurichten. Daher nahm Georg August diese Aufgabe selbst in die Hand. Jeden Montag und Freitag brachte ein berittener Bote fortan die Post von Idstein nach Wiesbaden. Ein anderer, ausgeruhter Bote übernahm dann die Strecke von Wiesbaden über Kemel an die Lahn, und einmal in der Woche sorgte eine Pferdekutsche für den Transport von Briefen in die Reichsstadt Frankfurt. Der Postverkehr auf diesen Strecken lief hervorragend. Daher entschlossen sich die Fürsten von Thurn und Taxis letztendlich, die von Georg August eingeführten Poststationen zu übernehmen.

Gerade als das Land sich wirtschaftlich zu erholen begann, starb Fürst Georg August am 26. Oktober 1721 völlig überraschend an den Pocken. Da er keine männlichen Nachkommen hatte, erlosch mit ihm die Linie Nassau-Idstein-Wiesbaden. Sein Erbe fiel an die in Saarbrücken und Ottweiler regierende Linie des Hauses Nassau. Fürstin Henriette Dorothea zog sich nach Wiesbaden ins alte Schloss am Marktplatz (heute Schlossplatz) zurück, wo sie am 18. Mai 1728 starb.

Biebricher Schloss

Johann Wolfgang von Goethe schrieb bei einem Besuch im August 1814 über das am Rhein liegende Schloss: »Es ist völlig ein Märchen«. Dieser Meinung schließen sich auch heute noch viele Touristen an. Schloss Biebrich ist ein einziges Märchen. Die Anfänge des imposanten Schlosses waren jedoch verhältnismäßig klein. 1702 sollte ein schlichtes Gartenhaus für Fürstin Henriette Dorothea zu einem kleinen Schlösschen für die Reiherjagd ausgebaut werden. Kurze Zeit später erteilte Fürst Georg August dem französischstämmigen Baumeister Paul du Ry (1640–1714) den Auftrag, ein zweites Wohnschloss zu errichten. Quasi als Gegenstück zum bestehenden Gebäude. Gesagt, getan. Zu einem kleinen Kunstwerk mauserte sich das Schloss erst, als Maximilian von Welsch (1671–1745) den Auftrag erhielt, die beiden Bauten miteinander zu verbinden, und im Zentrum der Anlage einen Festsaal errichtete. Nach dem Tod von Georg August verschwendeten seine Erben keinen Pfennig an das hübsche Schloss. Das änderte sich 1733, als Biebrich und Wiesbaden wieder an die Usinger Linie des Hauses Nassau fiel. Fürst Karl von Nassau-Usingen (1712–1775) verlagerte sogar seine Residenz vom Hintertaunus an den Rhein. Bis zum Umzug im Jahr 1744 erhielt das

Das Schloss Biebrich von der Rheinseite

Schloss noch den Winterflügel im Westbau dazu. Diese Räumlichkeiten besaßen eine kostbare Innenausstattung und Öfen,
damit die Bewohner sich auch im Winter hier aufhalten konnten. Im Ostflügel war die fürstliche Verwaltung untergebracht.

Nach einer Bauzeit von rund 40 Jahren war das Schloss na-
hezu perfekt. Erstaunlich in Anbetracht der unterschiedlichen
Baumeister, die sich darin verewigt haben. Im Schlosspark
ließ Herzog Friedrich August von Nassau (1738–1816) 1805 bis
1806 die neugotische Mosburg errichten, als er den Biebricher
Schlosspark vergrößerte. Beauftragt wurde Baumeister Carl Flo-
rian Goetz (1763–1829), der das Ensemble als künstliche Ruine
inszenierte. Für den Bau wurde Abbruchmaterial der Mainzer
Liebfrauenkirche verwendet. Im angehenden 19. Jahrhundert
sollte die Burg die romantische Vorstellung vom Mittelalter ver-
körpern. Die Scheinruine, die einen Gegensatz zum barocken
Biebricher Schloss darstellt, wurde von den Nassauer Herzögen
als Rückzugsort genutzt.

Zur Perfektion gelangte Schloss Biebrich zwischen 1817 und
1823. In dieser Zeit legte Friedrich Ludwig von Sckell (1750–1823)
einen Landschaftsgarten im englischen Stil an und verliehen
dem Schloss damit den letzten Schliff.

Filme im Schloss: Im Ostflügel des Schlosses befindet sich heute
eine überaus moderne Einrichtung. Seit 1982 ist darin die FBW,
die Deutsche Film- und Medienbewertung, untergebracht. Diese
Organisation begutachtet Filme und verleiht für besonders her-
ausragenden Produktionen das Prädikat »wertvoll«. Im Vorführ-
raum finden seit 1984 die Filme-im-Schloss-Veranstaltungen
statt. Hier wird gutes Kino in der Originalversion gezeigt. Hin
und wieder auch mit Untertiteln. Der Mainstream kann warten.

Endlich Hauptresidenz

Mit dem Umzug von Fürst Karl von Nassau-Usingen nach Wiesbaden im Jahr 1744 avancierte die Kurstadt endlich auch zur Residenzstadt. Lange genug war die Perle am Rhein von den bisherigen Landesvätern verschmäht worden. Wenige Jahre nachdem Fürst Karl für volljährig erklärt worden war und die Regentschaft übernommen hatte, siedelte er mit Sack und Pack nach Biebrich um. Wiesbaden wurde Verwaltungshauptsitz. Hier waren ausreichend Räumlichkeiten vorhanden für die zentralen Verwaltungs- und Gerichtsbehörden. Im sogenannten Neuen Schloss nahmen Regierung und Kanzlei ihre Räume ein. Dieser Bau stand seit dem Tod von Fürstin Henriette Dorothea im Jahr 1728 leer. Die Rolle als Verwaltungssitz verhalf Wiesbaden zu einem Anstieg der Einwohnerzahl. Schließlich siedelte nicht nur der Fürst allein um, er brachte auch seine komplette Hof- und Beamtenschaft samt ihren Familien mit. Mit Fürst Karl von Nassau kam Schwung in das verschlafene Wiesbaden. Nicht nur, dass der junge Fürst seine bereits bestehenden Gebäude in der Stadt nutzte, er ließ auch neue Bauten errichten: ein Zucht- und Arbeitshaus sowie ein Krankenhaus. Wie es sich für einen Fürsten gehörte, war auch Karl ein Anhänger der Jagd, und so ließ er im Nordwesten der Stadt ein Jagdschloss mit Fasanerie bauen.

Bereits Karls Mutter, Fürstin Charlotte Amalie von Nassau-Dillenburg (1680–1738), erließ in der Zeit der Vormundschaft von 1718 bis 1735 zahlreiche Gesetze, die aus dem Fürstentum einen für die damalige Zeit »modernen« Staat machten. Im Idsteiner Schloss legte sie ein Landesarchiv an, und achtete streng auf die Einhaltung der Schulpflicht. Auch Fürst Karl war das Wohlergehen seiner Bürger wichtig. Daher erließ er 1747 eine Verordnung über das Schlachten. Darin schrieb er den Metzgern der Stadt vor, dass sie ihr Fleisch in klarem Wasser zu waschen hatten, die Waage in einem sauberen Zustand sein musste und ein Pfund 24 Lot beträgt. In diesem Zusammenhang wurden die Import-

beschränkungen für Fleisch und Wein erneuert. Auch die Badewirte konnten sich vor ihren Pflichten nicht drücken. Sie durften
ihren Gästen nur Mahlzeiten anbieten, welche sie eigenhändig
zubereitet hatten. 1767 ließ Fürst Karl den Kaffeegenuss in seinem Reich verbieten. Das dunkle Getränk stand in dem Ruf,
die Faulheit zu fördern sowie den Bierkonsum und damit die
Nahrungsaufnahme zu reduzieren, denn Bier galt damals als
Grundnahrungsmittel. Die Polizei besaß die Erlaubnis zu jeder
Tages- und Nachtzeit Hausdurchsuchungen vorzunehmen, um
Kaffeekonsumenten das Handwerk zu legen. Dabei spielte nicht
nur die Sorge um die Gesundheit seiner Untertanen eine Rolle,
sondern Fürst Karl sah die Gefahr, dass durch den Import der
Kaffeebohnen sehr viel Geld ins Ausland gehen würde. Lieber
sollten seine Untertanen ihr Geld in die heimische Wirtschaft
oder noch viel besser in die Residenz Wiesbaden investieren.

Die Kur als gesellschaftliches Ereignis

Mit der Rheinbundakte 1806 wurde Nassau Herzogtum und Wiesbaden seine Hauptstadt. Kultur und Wirtschaft blühten auf. Viele Beamte und andere Neubürger zogen in die Kurstadt, sodass sich die Einwohnerzahl zwischen 1803 und 1815 auf 4000 verdoppelte. Es war an der Zeit, Wiesbaden zu einem repräsentativen Regierungssitz auszubauen. Zudem hatten seit Mitte des 18. Jahrhunderts immer wieder die Betreiber der Thermalbäder in Wiesbaden die Errichtung eines »Vergnügungssaals« angeregt. Herzog Friedrich August von Nassau-Usingen (1738–1816) und Fürst Friedrich Wilhelm von Nassau-Weilburg (1768–1816), die den Staat Nassau gemeinsam regierten, genehmigten im November 1807 den Bau eines Gesellschaftshauses, der durch den Verkauf von Aktien finanziert wurde.

In den 1830er-Jahren kamen im Jahr durchschnittlich 20.000 Kurgäste nach Wiesbaden, das waren doppelt so viele, wie die Stadt Einwohner hatte. Bereits in der ersten Hälfte des 19. Jahrhunderts traf sich der europäische Adel zum Kuren in der Stadt. 1837 wohnten der Herzog von Cambridge und der Kronprinz von Schweden im Hotel Vier Jahreszeiten. Ein Jahr später logierte der König von Württemberg im gleichen Etablissement. Für seine Familie und die Gefolgschaft mietete er 30 Zimmer im exklusiven Hotel an. Wiesbaden befand sich auf dem besten Weg, ein aufstrebender Kurort zu werden.

Gemischte Kur in Wiesbaden

Zu Beginn des 18. Jahrhunderts hatte Wiesbaden jedoch den Anschluss an die umliegenden Kurbäder verloren. Trinkkuren waren jetzt angesagt statt stundenlangen Im-Wasser-Liegens. Um wieder mehr Kurgäste in die neue Landeshauptstadt zu locken, bot Wiesbaden ab Mitte des 18. Jahrhunderts eine gemischte Kur an: Baden in Wiesbadener Thermalwasser und dabei das entschlackende Schwalbacher Heilwasser trinken. Auch der eingeschlafene Kurbetrieb erhob sich dank dieser Idee wie ein Phönix aus der Asche. Ein Bauboom setzte sein. Badestuben, Herbergen und Hotels wurden im großen Stil aus- und umgebaut. Vor allem für Gäste der gehobenen Kategorie entstand ein prächtiges Badehaus nach dem anderen. Die alteingesessenen Badehäuser »Rose«, »Bär«, »Adler« und »Bock« wandelten sich zu First-Class-Etablissements.

Die Unterkünfte für die Gäste hübschten sich auf und als Nächstes waren die Heilquellen an der Reihe. Vor allem sollten die Gäste beim Trinken aus den Brunnen besser gesichert werden. Auslöser für diese Maßnahme waren zwei tödliche Unfälle, die sich 1722 an den Quellen ereigneten. So starb ein Kurgast beim Versuch, Wasser aus der Adlerquelle zu schöpfen. Die Frau fiel dabei vornüber in die Quelle und zog sich schwere Verbrennungen zu, an denen sie letztendlich starb.

Auch die Hygiene rund um die Quellen ließ stark zu wünschen übrig. David François Merveilleux äußerte sich in seinem 1739 erschienen Buch »Zeitvertreibe Bey den Wassern zu Schwalbach, Denen Bädern zu Wiesbaden, und dem Schlangenbade« über die Kurbedingungen in Wiesbaden. Seiner Meinung nach war das Wasser in den Bädern so heiß, dass es einen Tag zur Abkühlung benötigte. Des Weiteren bemängelte Merveilleux, dass das Wasser nur einmal am Tag gewechselt wurde, sodass es bereits zur Mittagsstunde durch Schweiß und Urin verschmutzt gewesen sei. An diesem Umstand waren die Wiesbadener Kurärzte Schuld, die den Patienten rieten, vor dem Verlassen des Wassers den Urin in selbigem zu lassen. Das sei wichtig für den Heilerfolg. Auch die Badewirte bekamen bei Merveilleux ihr Fett weg. Die Wirte seien nicht in der Lage, gute Strohsäcke herzustellen. Das lose Stroh, auf dem die Kurgäste sich zum Ausruhen niederließen, sei voll von Flöhen und Läusen. Ein Umstand, der auch noch 60 Jahre später zu Klagen führte.

Charlotte von Stein (1742–1827), eine gute Freundin Goethes, beschwerte sich in einem Brief darüber, das ihr die Wanzen die ganze Nacht zugesetzt hätten. Um überhaupt in den Schlaf zu finden, sei sie schließlich auf den Boden ausgewichen. Dabei verweilte Frau von Stein im Badehaus »Adler«, welches zu den besseren Unterkünften zählte. Die Qualität der Nachtlager ließ zwar zu wünschen übrig, aber baden konnte jeder Gast fürstlich in dem Hotel, denn das Haus verfügte über in Marmor eingefasste Einzelbäder.

Seit dem 31. Dezember 1753 hatte ein Amtmann die Aufgabe inne, Bäder und Apotheken zu inspizieren und Mängel abzustellen. Außerdem hatte er Sorge zu tragen, dass sich kein Gesindel in die Badeanstalten einschlich und die Badegäste belästigte.

> Das Wasser der Adlerquelle war ein Exportschlager. Selbst das englische Königshaus ließ sich in den Jahren zwischen 1720 und 1730 1000 Krüge liefern.

Glücksspiel für Kurgäste

Mit wachsendem Kurbetrieb unterzog sich die Stadt einer Schönheitskur. Großzügige Alleen und ein neuer Park sollten den Kurgästen neue Möglichkeiten der Freizeitgestaltung bieten. Der Herrengarten lud zum Promenieren ein, und auch die Badehäuser vergrößerten ihre Gärten. Doch die Kurgäste forderten mehr Spaß und Vergnügen. Die ersten Anträge von Badewirten, die einen öffentlichen Saal einrichten wollten, in denen die Gäste Billard spielen und dabei Tee und Kaffee genießen konnten, lehnte der Stadtrat ab.

Das Glücksspiel in Wiesbaden brachten die Kurgäste mit, die während ihres Aufenthaltes nicht darauf verzichten wollten. In kleinen Gruppen trafen sich die männlichen Kurgäste, um in privater Runde um Geld zu spielen. 1771 wurde das private Glücksspiel in Wiesbaden verboten. Fürst Karl von Nassau (1712–1775) vergab jedoch, für eine Jahrespacht von 200 Gulden, an Joseph Negrell eine erste Glücksspielkonzession, die sich auf Kartenspiele beschränkte. Die Pacht kam in den Anfangsjahren sozialen Zwecken zugute. Die Spieltische stellte Negrell in verschiedenen Wirtshäusern auf, da es keinen Gesellschaftssaal in Wiesbaden gab. Das Glücksspiel war aber nur den Gästen vorbehalten, Einheimischen war es verboten. 1782 kam das Roulette groß in Mode. Spielsaison war von April bis Oktober. Spielort waren die Hinterzimmer in den Badehäusern.

Selbst Fürst Karl Wilhelm von Nassau (1735–1803) betätigte sich im Glücksspielgeschäft und betrieb das Fürstlich-Nassau-Usingische Lotto. Die Ziehung der Zahlen fand im Schloss statt. Die Nummern von 1 bis 90 waren in Kapseln verschlossen. Als Glücksfee fungierten Waisenkinder aus Wiesbaden, welche die fünf Gewinnzahlen zogen.

Ab dem 31. Mai 1810 konnten in den neuen Räumen des Kurhauses Glücksspiele stattfinden. In den Jahren zuvor war das Spiel immer mehr außer Kontrolle geraten, da Glücksspiele an verschiedenen Orten in ganz Wiesbaden stattfanden. Mit den neuen Räumen wollte der Staat wieder ein Auge auf die Spieler und das Glücksspiel werfen.

Nachdem 1830 in Frankreich das Glücksspiel verboten wurde, suchten sich die französischen Pächter neue Betätigungsfelder im Ausland. Antoine Chabert, der bereits die Spielbank in Baden-Baden gepachtet hatte, erwarb am 14. Februar 1834 das Glücksspielmonopol im Herzogtum Nassau, welches die Spielbanken in Bad Ems, Wiesbaden, Schlangenbad und Schwalbach einschloss. Der Wiesbadener Betrieb lief glänzend. Nicht nur die Stadt, auch ihr Pächter konnte hervorragend vom Glücksspiel leben. Aus diesem Grund konnte sich Chabert am 5. Oktober 1847 zur Ruhe setzen und trat die Konzession für die stolze Summe von sieben Millionen Goldmark an Anton Gutz ab.

Zu Weltruhm gelangte die Spielbank Wiesbaden durch den russischen Schriftsteller und Dichter Fjodor Michailowitsch Dostojewski (1821–1881). Im September 1862 besuchte Dostojewski die Spielbank zum ersten Mal. Er hatte Glück und gewann. Bei seinem zweiten Besuch in Wiesbaden im Jahr 1865 wollte der Russe sein Glück nochmals versuchen. Leider verlor er seine gesamte Reisekasse im Wert von 3000 Goldrubeln. Der Dichter hatte damit den Vorschuss auf sein neues Buch bereits verspielt. Was blieb ihm daher anderes übrig, als schnellstmöglich seinen neuen Roman zu schreiben? In nur 26 Tagen verfasste er sein Buch »Der Spieler«, der heute zu den wohl bekanntesten Werken der klassischen Literatur zählt. In dem Roman beschreibt Dostojewski die mondäne internationale Gesellschaft Westeuropas. Der Dostojewski-Kessel, die schicksalhafte Roulette-Drehscheibe, ist noch heute im Besitz der Wiesbadener Spielbank.

> Pech im Spiel hatten neben Dostojewski auch andere große Köpfe der Weltgeschichte. 1837 versuchte sich ein noch sehr junger Otto von Bismarck (1815–1898) am Spieltisch in Wiesbaden. Der 21-jährige Referendar soll ein kleines Vermögen in der Spielbank verloren haben.

Mit dem Einzug Preußens in die Weltkurstadt endete vorerst auch das Glücksspiel in Wiesbaden. Bereits kurz nach der Machtübernahme und der Auflösung Nassaus im Jahr 1868 hatte der preußische Staat alle Aktien der Kurhausgesellschaft gekauft. Die Konzession konnte noch bis 1872 verlängert werden, jedoch mit der Auflage, die Auflösung der Kurhausgesell-

schaft voranzutreiben. Am 30. September 1872 schloss das Spiel-
casino für sehr lange Zeit seine Pforten. Erst nach dem Zweiten
Weltkrieg, im Jahr 1949, durfte die Wiesbadener Spielbank ihren
Betrieb wieder zum Laufen bringen. Das Spielverbot für Wiesbadener Bürger, ein Gesetz aus dem Jahr 1771, wurde erst 1986
aufgehoben. Seitdem dürfen sich auch die Wiesbadener am Rou-
lettetisch vergnügen.

Der Kochbrunnen

Der Kochbrunnen ist die bekannteste Thermalquelle der Stadt.
Seinen Namen verdankt der Brunnen dem heißen Thermalwasser, welches aus der Tiefe mit 67 °C hervorsprudelt. Ab den
1820er-Jahren kam es rund um den Kochbrunnen zu baulichen
Veränderungen. Ein Grund für die geplanten Umbaumaßnah-
men waren Dreck und Unrat, die ungehindert in den Brunnen
fallen konnten, denn eine Abdeckung gab es nicht. Der bayerische Medizinalrat Dr. Wetzler fragte daher in seinem 1819 erschienen Buch über die Heilbäder zu Recht »Wie soll ein Kurgast solches Wasser vor Ekel trinken können?« Diese Aussage
war ein Schlag ins Gesicht für die Wiesbadener Stadtväter, die
doch seit Kurzem auch für die Trinkkur in ihrer Stadt warben.
Den Kurgästen musste gewährleistet werden, dass sie das Wasser auch direkt von den Quellen schöpfen konnten. Ohne eine
Abdeckung ging es in Zukunft daher nicht mehr.

Darüber hinaus planten die Stadtväter Sitzgelegenheiten in
der Nähe des Brunnens sowie einen Ort zum Flanieren. Schlech-
tes Wetter bei der Kur durfte keine Rolle spielen, daher musste
die Flaniermeile überdacht sein. Ab 1823 war der Kochbrunnen
eine echte Augenweide. Kein Müll fiel mehr in die Thermalquelle und die Arkadenhalle, welche in Richtung Taunusstraße
angelegt war, lud die Kurgäste zum Promenieren ein. In unmittelbarer Nähe zum Kochbrunnen verlief eine hölzerne Kolon-

nade. Täglich von 6 bis 8 Uhr morgens spielte der Stadtmusiker mitsamt seinen Gehilfen zur Unterhaltung der Kurgäste auf. In den Jahren 1887/1888 wurde die Trinkkuranlage am Kochbrunnen neu errichtet. Eine winkelförmige Anlage ersetzte die bisherige gradlinige Wandelhalle. Pavillons übernahmen die Aufgabe, die weitläufige Halle zu unterteilen, in der große Fensterflächen dominierten. Vom zentralen Mittelpavillon gelangte der Kurgast in die 43 Meter lange Trinkhalle. Diese war neun Meter hoch und sieben Meter breit. Am Ende der Halle befand sich der Kochbrunnentempel. Hier hielten sich die Brunnenmädchen auf, deren Aufgabe es war, den Kurgästen das frische Heilwasser zu reichen.

Der Kochbrunnen zählt zu den Primärquellen Wiesbadens. Ein kleiner Teil seines Wassers fließt in die Trinkstelle im Kochbrunnenpavillon. Die Hauptmenge findet ihren Weg in die Aufbereitungsanlage der Kaiser-Friedrich-Therme, von dort gelangt das Wasser in ein weit verzweigtes Thermalwassernetz unter der Stadt. Das Wasser des Kochbrunnens kann sowohl für Heilzwecke als auch zur Beheizung des Wiesbadener Rathauses genutzt werden.

Aus einer Hand geformt

Kein anderer Baumeister prägte das Stadtbild so nachhaltig wie Christian Zais (1770–1820). Er war der Stararchitekt des Klassizismus in Wiesbaden. 1770 kam Christian Zais in Cannstatt auf die Welt. Sein Vater war Chirurg und der sorgte für eine gute Bildung. Bis zum 14. Lebensjahr besuchte Zais die Lateinschule in seiner Heimatstadt. Danach stand das wirkliche Leben auf dem Programm. Mit 14 Jahren trat der junge Zais in die Stuttgarter Steinhauerzunft ein. Doch nur Steine bearbeiten war dem jungen Mann nicht genug. Von 1787 bis 1791 besuchte er die Hohe Karlsschule, eine Kunstakademie, auf der Zais Freunde

fürs Leben fand. Einer davon war Wilhelm von Wolzogen (1762–
1809), ein Schwager Friedrich Schillers (1759–1805), der in Weimar als Minister und Architekt tätig war. Ein weiterer Freund
aus Jugendtagen war Ernst Freiherr Marschall von Bieberstein
(1770–1834), der seit 1803 im Dienste der Nassauer stand. Er holte
Zais als Bauinspektor nach Wiesbaden. Welch ein Glücksfall für
die Kurstadt! Der junge Architekt tobte sich in seinem neuen
Wirkungskreis aus. Mit Feuereifer stürzte Zais sich auf die Neugestaltung der Straßen. Nicht die enge Altstadt erhielt ein neues
Gesicht, sondern die umliegenden Gebiete bekamen neue und
vor allem breitere Straßen. Ein Prachtstück war die 1812 fertig-
gestellte neue Alleestraße. Mit einer Breite von 36 Metern, in-
klusive der sechs Meter breiten Bürgersteige, war sie doppelt so
breit wie andere, damals neu angelegte Straßen. 1816 erhielt die
Allee zu Ehren des neuen Landesherrn den Namen »Wilhelmstraße«. Direkt an dieser Allee entstanden mehrstöckige Wohnbauten. Für Bürger mit weniger Geld wurden an der Nerostraße
kleine Reihenhäuser gebaut. 1820 waren die Straßenbauarbeiten
rund um die Wiesbadener Altstadt abgeschlossen. Nun wurde
die Altstadt von Ringstraßen umschlossen, die ein Fünfeck bilden – »Das historische Fünfeck« genannt. Noch heute ist es auf
der Straßenkarte gut zu erkennen. Auf die Kappe von Christian
Zais gehen aber noch einige andere Bauten der Stadt wie das
Erbprinzpalais, das Badehotel »Vier Jahreszeiten« sowie zahlreiche prächtige Wohnhäuser. Die geschäftige Bautätigkeit im
neuen Herzogtum blieb nicht unbeachtet. Johann Wolfgang von
Goethe schrieb in einem Brief an seine Frau Christiane im Jahr
1815: »Gebaut wird hier sehr viel, die Anlagen hierzu sind höchst
verständig und lobenswürdig, die Linie, wonach gebaut werden
muß, wohl überlegt. Es gibt Straßen, die der größten Stadt Ehre
machen würden.«

Kuren außerhalb der Stadt

Die Altstadt hatte Zais erfolgreich von seiner eigenen Schöpfung eingekreist. Jetzt nahm er sich den Kurbetrieb vor. Anstatt das alte Gesellschaftshaus in der Altstadt zu renovieren, plante Zais für die Kur ein eigenes Areal in der Stadt. Einen abgeschlossenen Bereich, in dem die Kurgäste die Möglichkeit hatten, Konversation zu führen und sich zu amüsieren. Gleichzeitig sollten die Kranken Ruhe und Erholung im neuen Kurareal finden. Dieses Projekt ließ sich laut Zais nur außerhalb der Stadt verwirklichen. Der Osten der Stadt, zu diesem Zeitpunkt ein unberührter Fleck Natur, war ideal für Zais' Pläne. Dem Architekt schwebte ein Gesellschaftshaus vor, das »durch eine bedeckte Colonnade und Arcade« mit der Stadt verbunden war. Die Badewirte waren von dieser Idee nicht gerade begeistert, sollte das neue Kurhaus doch fernab der bisherigen Badetempel entstehen. Da der junge nassauische Staat kaum über finanzielle Mittel für ein solch großes Bauprojekt verfügte, mussten private Investoren gewonnen werden. Der Pächter des Spielcasinos, Johann Michael Hyenlein, initiierte die Einrichtung eines Aktienkonsortiums. Der Verkauf der Aktien lief jedoch schleppend und letztendlich war es vor allem das nassauische Herrscherhaus, das einen beträchtlichen Teil des Kapitals bereitstellte. Dabei war die Investition in den Bau durchaus verlockend: Es gab eine staatlich garantierte Mindestverzinsung von fünf Prozent der Einlagen. Die Baukosten betrugen laut Schlussrechnung 149.691 Gulden. Damit war die ursprünglich angesetzte Summe von 100.000 Gulden deutlich überschritten worden.

Die Grundsteinlegung für das Kurhaus fand am 21. April 1808 statt und bereits zwei Jahre später, am 31. Mai 1810, war der neue Prachtbau vollendet. Vor allem mit der Ausgestaltung des großen Saales war Zais ein echtes Kunstwerk gelungen, da hier 28 Säulen aus feinstem Marmor Eleganz ausstrahlten. Kristalllüster und schwarzer Marmor dominierten die Inneneinrichtung des neuen Gesellschaftshauses, welches außer über Spiel- und Speisesäle auch über einen prächtigen Kursaal verfügte. Von außen war der neue Bau ganz im klassizistischen Stil gehalten. Das Gebäude war dunkelrot verputzt und die Fensterrahmen erstrahlten in Silbergrau. Bis 1812 wurde hinter dem Kurhaus ein Garten mit Weiher angelegt. Nachdem in den 20er-Jahren des 19. Jahrhunderts die Zahl der jährlichen Kurgäste in Wiesbaden immer weiter angestiegen war, errichtete Heinrich Jacob Zengerle 1826 an der Grünanlage vor dem Kurhaus, dem heutigen Bowling Green, die Kurhauskolonnade mit Läden für die Kurgäste. 1839 entstanden die Theaterkolonnaden. Zusammen bildeten die drei Gebäude eine hufeisenförmige Anlage.

Die erste offizielle Veranstaltung im neuen Gesellschaftshaus war den politischen Ereignissen der Zeit geschuldet. Das Herzogtum Nassau, welches durch den Rheinbund eng mit Napoleon verbandelt war, feierte die Geburt von Napoleons Sohn. Am 26. Mai 1811 feierten rund 2000 Gäste dieses Ereignis auf einem rauschenden Ball. Im März 1813 stattete sogar die französische Kaiserin Marie-Lou-

„Alt-Wiesbaden i. Jahre 1840" — nach Italiotisch — Inneres des Kursaals mit Spieltisch.

Innenansicht des Alten Kurhauses nach Christian Zais, 1840

ise dem Kurhaus einen Besuch ab, der Gatte hatte jedoch andere Verpflichtungen. Seine Kriegszüge liefen nicht besonders gut und aus diesem Grund feierten nur sechs Monate später seine Feinde im Wiesbadener Kurhaus eine wilde Sause.

Badehotel Vier Jahreszeiten

Mit den Badewirten stand Christian Zais auf Kriegsfuß, vor allem nachdem er das Kurhaus außerhalb des Kurviertels hatte bauen lassen. Zais' nächstes Projekt bestand im Bau eines luxuriösen Badehauses für anspruchsvolle Gäste. Die Pläne lagen fix und fertig auf dem Zeichenbrett, nur mit der finanziellen Umsetzung haperte es, weil die Stadt 1818 alle Zuschüsse für Großprojekte gestrichen hatte. Doch der Wiesbadener Baumeister war ein Visionär und ließ sich von den Kosten nicht abschrecken. Der Großteil des Geldes für das Hotel Vier Jahreszeiten stammte aus Zais' eigener Tasche. Der Oberfinanzrat Julius Simon von Nördlinger und Christian Zais' Bruder Wilhelm unterstützten das Projekt ebenfalls finanziell. 1821 bereits wurde das 140-Zimmer-Haus eröffnet. In Briefen, die Kurgäste kurz nach der Eröffnung verfassten, ist die Meinung zu diesem Bau eindeutig: »Es dürfte in Deutschland schwerlich ein Badehaus geben, das diesem an die Seite zu stellen wäre.« Das repräsentative Badehaus in Wiesbaden verfügte, anders als die bereits bestehenden Badehäuser, über Gesellschaftszimmer und Winterappartements. Diese waren mit einer Heizung ausgestattet, sodass Gäste zu allen vier Jahreszeiten in Wiesbaden kuren konnten.

Während der Bauphase kam es zu heftigen Streitigkeiten zwischen Zais und den Badewirten der Stadt. Gemeinsam hatten sie sich gegen den Architekten verschworen und machten ihm das Leben schwer. So gab es in Wiesbaden eine bis dahin nicht genutzte Heilquelle. Diese wollte Zais zu seinem neuen Badehaus führen. Die bisher verlegten Leitungen wurden jedoch im August 1818 zerstört. Vom wem, ist nicht geklärt worden. Zais ließ sich von diesem Rückschlag nicht unterkriegen und fand eine andere Quelle, welche er erschließen wollte. Als die Badewirte von diesem Vorhaben erfuhren, kam es zu offenen Drohungen und Gewalt gegen Zais und seine Familie. Als alle Einschüchte-

rungsversuche nichts halfen, behaupteten die Wiesbadener Badewirte, dass durch die Grabungen für das Hotel Vier Jahreszeiten der Wasserstand des Kochbrunnens und anderer Quellen
sinken würde.

Zais war in dieser Zeit vielen Anfeindungen ausgesetzt, die
ihm auch körperlich zu schaffen machten. Es ist daher nicht verwunderlich, dass er im 26. April 1820 plötzlich starb. Mit gerade einmal 50 Jahren erlag der Architekt wahrscheinlich einem
Herzinfarkt. Bis zu diesem Zeitpunkt hatte er Wiesbaden seinen
Daumenabdruck verpasst. Vor allem mit der Anlage des Kurhauses erschuf Zais einen Prototyp, an dem sich alle anderen
Kurstädte in der Zukunft orientierten. Aufgrund der vorausge-
gangen Feindseligkeiten gegenüber der Familie Zais, fand die
Beerdigung unter Polizeischutz statt. Heute erinnert nur noch
eine Steinplatte am Friedhof in der Platterstraße an den Baumeister der Stadt. Die Fertigstellung seines Hotels hat er nicht
mehr erlebt. Seine Frau und seine Kinder brachten das Projekt,
welches die Familie fast in den Ruin getrieben hätte, zu einem
guten Ende. Mit seiner exponierten Lage zwischen Kurhaus und
Wilhelmstraße zählte das Vier Jahreszeiten bis zum Zweiten
Weltkrieg zu den exklusivsten Häusern der Stadt. Die Luftangriffe vom 2. Februar 1945 zerstörten jedoch dieses Luxushotel.

Theatervergnügen in Wiesbaden

Die Zahl der Kurgäste wuchs beständig. Es war an der Zeit, den
betuchten Gästen mehr Unterhaltung zu bieten. Es war daher
naheliegend, ein Theater ins Leben rufen. In einem klassizistischen Bau an der Wilhelmstraße wurde 1827 das erste Wiesbadener Theater feierlich eröffnet. Direkt neben dem Hotel Vier
Jahreszeiten gelegen, bot es Platz für rund 1000 Gäste.

1829 übernahm August Haake (1793–1864) die Leitung der
Bühne in Wiesbaden und engagierte bekannte Künstler der da-

Das Foyer des Wiesbadener Staatstheaters

maligen Zeit. Aber auch berühmte Kurgäste aus der Musikbranche gaben sich die Klinke in die Hand. 1829 weilte der junge Robert Schumann (1810–1856) in der Stadt, ein paar Jahre später beehrte der berüchtigte Geiger Niccolò Paganini (1782–1840) Wiesbaden mit seiner Anwesenheit. Natürlich ließ der Teufelsgeiger es sich nicht nehmen, ein Violinenkonzert im Kursaal zu geben. Einheimische Konzertbesucher und viele Kurgäste feierten stürmisch den Auftritt des italienischen Geigenvirtuosen.

Der Theaterbetrieb blühte in den kommenden Jahren auf. Die Oper stand im Zentrum der Wiesbadener Bühne. Ungünstig war der Umstand, dass die Städte Wiesbaden und Mainz sich das Theaterensemble sowie das Orchester teilen mussten. Darsteller und Musiker waren permanent in Bewegung und ihr Equipment stets dabei, wenn sie von der einen Rheinseite zur anderen wechselten. Da konnte es schon Mal passieren, dass unterwegs ein Teil der Ausrüstung verloren ging. Im Winter mussten bei Schnee und Glätte ganze Vorstellungen abgesagt werden, da die Theatercrew nicht zum Spielort vordringen konnte. Es war abzusehen, dass Mainz und Wiesbaden früher oder später jeweils in ein eigenes Orchester samt Theaterensemble investieren mussten. In der Kurstadt war es 1839 soweit. Im Oktober startete das Wiesbadener Theater mit einem eigenen Ensemble in die Spielsaison. Auf dem Programm stand Goethes Faust.

Erst 1902 kam es zu erneuten Veränderungen im Spielbetrieb, als das Theater ausgebaut wurde. Der Wiesbadener Stadtbaumeister Felix Genzmer (1856–1929) errichtete einen Anbau ans Foyer, der ganz im neobarocken Stil gehalten war. Damit hatte der Architekt den Räumlichkeiten den passenden Anstrich verliehen, damit selbst der Kaiser einen repräsentativen Auftritt hinlegen konnte. Nicht nur der Theaterbau verfügte jetzt über ein apartes Erscheinungsbild, auch die Besucher mussten ansprechend gekleidet sein. Für die Herren bestand Smoking-Zwang und die Damen hatten auf Anweisung des Kaisers ein »Mindestdekolleté« einzuhalten.

Die wenigen Jahre, in denen sich Georg von Hülsen in der Kurstadt aufhielt, sorgte der Theaterintendant für Wirbel in der Wiesbadener Gesellschaft. Schuld daran war seine Liaison mit der Ehefrau eines angesehenen Wiesbadener Bürgers. Der gehörnte Ehemann forderte von Hülsen zu einem Pistolenduell am Rabengrund heraus. Von Hülsen erschoss seinen Herausforderer und stürzte damit dessen Familie in die Armut. Die Witwe des im Duell Getöteten und ihre Kinder mussten die Villa an den Nassauischen Verein für Krüppelfürsorge verkaufen. 1919 wurde in diesem Haus die Orthopädische Klinik Wiesbaden eingerichtet.

Der erste Intendant des Königlichen Staatstheaters Wiesbaden, Georg von Hülsen (1858–1922), war ein enger Freund des Kaisers.

Er rief 1896 die Kaiserfestspiele, die heute als Maifestspiele bekannt sind, ins Leben: »Auf Allerhöchsten Befehl Seiner Majestät«, wie es auf den vielen Plakaten zu lesen war, trat zu diesem Zweck das kaiserliche Hoftheater Berlin in der Weltkurstadt auf. Die Idee zu ihren Kaiserfestspielen hatten sich die Wiesbadener bei Richard Wagner (1813–1883) und seinen Bayreuther Festspielen geklaut. Aus diesem Grund standen bis 1914 vorrangig Opern von Richard Wagner auf dem Programm der Kaiserfestspiele.

Mit dem Ausbruch des Ersten Weltkrieges kam das kulturelle Leben vollständig zum Erliegen. Die Kaiserfestspiele wurden ebenso eingestellt wie der Theaterbetrieb. Es sollte 14 Jahre dauern, bis im Jahr 1928 die »Festwochen im Mai«, wie sie ab sofort hießen, wieder aufgenommen wurden.

Der Kaiser lockt den Hochadel

Nachdem Kaiser Wilhelm II. (1859–1941) Wiesbaden als seine Kurstadt auserkoren hatte, folgte ihm der europäische Hochadel. Der Fremdenverkehr wuchs rasant, ebenso der Reichtum der Stadt und die Zahl der in Wiesbaden ansässigen Millionäre. Um das Jahr 1900 war die Einwohnerzahl Wiesbadens explosionsartig auf 100.000 gestiegen. Seit Kaiser Wilhelm II. die Stadt für sich entdeckt hatte, zog es auch Offiziere, hohe Beamte und vermögende Rentner in die Weltkurstadt. Jeder wollte dem Kaiser nahe sein. Die Pensionäre lebten von ihrem Altersruhegeld oder von den Zinsen ihres immensen Vermögens. Sie kamen wegen des milden Klimas, der guten medizinischen Versorgung und des hervorragenden kulturellen Lebens. Die neuen Einwohner benötigen Unterkünfte und bauten sich prächtige Villen – schöner, größer und prunkvoller als die des Nachbarn.

Das Kurviertel war in dieser Zeit die Wirtschaftshochburg der Stadt, da es Arbeit und ein sicheres Einkommen verhieß. In den Hotels und Badeanstalten fanden Zimmermädchen, Hand-

werker und einfache Angestellte einen Job. Die Wiesbadener
Bürgerschaft verirrte sich ebenfalls nur zum Arbeiten ins Kurviertel, denn dieser Stadtteil war dem reichen Adel vorbehalten.
Die feine Gesellschaft reiste nicht nur zum Kuren nach Wiesbaden. »Sehen und gesehen werden« lautete das Motto.

Dank der Anwesenheit des Kaisers erhöhten sich auch die Be-
sucherzahlen in Wiesbaden. Eine geschickte Steuerpolitik, ge-
paart mit einer raffinierten Werbemaschinerie, wirkte darüber
hinaus äußerst anziehend auf die deutsche Elite aus Militär, Politik und Wirtschaft.

Kuren zu jeder Jahreszeit

Üblicherweise begaben sich Menschen im 19. Jahrhundert im
Frühling, Sommer und Herbst zur Kur. Im Winter gab es andere
Dinge zu erledigen. Doch in der Wiesbadener Verwaltung gab es
einen findigen Mann, der geschickt die Winterkur bewarb. Kurdirektor Ferdinand Heyl (1830–1897) hatte es sich auf die Fahne
geschrieben, dem ausgezeichneten Ruf der Weltkurstadt die
Krone aufzusetzen. Heyl war ein Mann mit Ideen und Visionen.
In die Kurstadt war er als Schauspieler am Herzoglichen Hoftheater gekommen. Doch die Schauspielerei war ihm nicht genug. Er
mischte in der Kurpolitik kräftig mit und veröffentlichte einige
Fremdenführer über Wiesbaden und seine Umgebung. Der Elan
des jungen Mannes blieb nicht unbeachtet, und so erhielt Heyl die
Stelle des Sekretärs des Kurvereins. 1870 wurde er zum Vorste-
her des neuen Kurbüros ernannt. Als logische Schlussfolgerung
wurde er zum Kurdirektor berufen. In dieser Funktion arbeitete
Heyl zielstrebig daran, Wiesbaden weiter als Weltkurstadt zu etablieren. Er trieb eine geschickte Öffentlichkeitsarbeit und machte
Werbung für die Winterkur, um das ganze Jahr über Gäste in
Wiesbaden zu haben. Dabei beschränkte sich der erste Kurdirektor der Stadt nicht nur auf Deutschland, sondern schlug die

Werbetrommel für Wiesbaden besonders in Russland, England und Amerika. Heyl veranstaltete rauschende Feste und setzte sich stark für ein neues Kurhausgebäude ein. Der Faktor Unterhaltung für die Gäste war wichtiger denn je seit der Schließung der Spielbank. Aus diesem Grund wurden Theater und Musik in der Hauptstadt stark gefördert. Auf die Initiative von Ferdinand Heyl hin entstand ein Kurhausorchester.

1890 zählte die Stadt bereits 100.000 Kurgäste im Jahr. Es war damit an der Zeit, das alte Badeviertel aufzuwerten. Im Zuge der Renovierung des Kochbrunnens samt Wandelhalle entstanden auch eine Reihe von schicken Hotels. Die alten Badehäuser und Herbergen verschwanden, um Grandhotels Platz zu machen. Auf dem Fundament der ehemaligen Badehäuser »Schwan« und »Engel« wurde das beeindruckende Palast-Hotel errichtet. Bei Bauarbeiten zum Palast-Hotel fanden Arbeiter die Reste einer römischen Thermalanlage. Das Interesse an dieser historischen Entdeckung war so groß, dass selbst Kaiser Wilhelm II. die Fundstelle besuchte. Archäologische Ausgrabungen fanden aus Kostengründen jedoch nicht statt. Das Loch wurde mit Sand aufgefüllt und darüber das Hotel errichtet. Gegenüber dem Palast-Hotel lag die Nobelherberge »Rose«. Diese Unterkunft zählte zu den prächtigsten in der Weltkurstadt. Das Luxushotel war im Stil des Neobarock gebaut. Es verfügte über 200 Zimmer und Suiten, prächtige Gesellschaftsräume, zwei Konzertsäle und sogar eine eigene Tennishalle. In der preußischen Zeit war das Grandhotel »Rose« der Hotspot für die Reichen, Schönen und Mächtigen des Landes.

Ein wahres Prachtstück dank Friedrich von Thiersch

Die Anzahl der Gäste stieg kontinuierlich an, und das Kurhaus platzte aus allen Nähten, obwohl es Raum für 10.000 Kurgäste bot. Darüber hinaus war es ohne Heizung gebaut worden. Nachdem Ferdinand Heyl jedoch die Winterkur etabliert hatte, tummelten sich auch in den Monaten November bis Februar bis zu 60.000 Kurgäste in Wiesbaden. Hinzu kam, dass das alte Kurhaus in die Jahre gekommen war und die sanitären Einrichtungen starke Abnutzungserscheinungen aufwiesen. Der bekannte Münchner Architekt Friedrich von Thiersch (1852–1921) bekam den Zuschlag für die Baumaßnahmen. Geplant war, das alte Kurhaus durch einen schmucken Neubau zu ersetzen. Dieser Vorschlag führte zu einer Welle der Empörung. Schließlich war das alte Kurhaus ein geschichtsträchtiger Ort. Brahms hatte hier seine Wiesbadener Symphonie dirigiert und Dostojewski sein Geld verloren. Thiersch erhielt die Auflage, die originalen Säulen sowie die Wand- und Deckenelemente im neuen Gebäude wieder aufleben zu lassen. Im kleinen Konzertsaal finden sich daher die ehemaligen Marmorsäulen wieder.

> In der Bauzeit zwischen 1904 und 1907 fungierte das ehemalige Palais der Herzogin Pauline als Kurhausprovisorium. Diese Funktion erhielt das beschauliche Palais dank seiner unmittelbaren Lage zum Kurhaus.

Der Bau des Kurhauses verschlang mehr Geld als ursprünglich veranschlagt. 3 Millionen Mark waren als Bausumme geplant, 5,5 Millionen hat es letztendlich gekostet. Das Geld war jedoch gut angelegt. Die Fassade ist bis heute ein Symbol der Stadt Wiesbaden. Die Innenausstattung übertraf alles, was die verwöhnten Kurgäste bisher gesehen hatten. Im großen Konzertsaal dominierte der Neobarock, das Foyer ließ an die römische Antike erinnern und der kleine Konzertsaal erblühte im Neoklassizismus. Der Weinsaal nahm die Thematik der nordischen Renaissance auf. Heute können sich die Gäste der Wiesbadener Spielbank an dieser Pracht erfreuen. Im südlichen Teil entstand ein Lesezimmer mit herrlichem Blick auf den Garten, der heutige Muschelsaal. Wunderschöne Fresken zum Thema

Vier Jahreszeiten des Jugendstilmalers Fritz Erler (1868–1940) schmückten diesen Raum. Sehr zum Bedauern des Kaisers. Dieser war nämlich kein Anhänger von Erlers moderner Malerei. Die Bildinhalte sowie die bunte Farbgebung missfielen Wilhelm II. und er forderte, dass Erler nicht an der Eröffnungsfeier teilnehmen durfte.

Konzert im Kurgarten, 1910

Die Kritik des Kaisers an Fritz Erler wirkte sich positiv auf dessen Bekanntheitsgrad aus. Zur Jahreswende 1907/08 erhielt der Münchner Künstler den Titel eines königlichen Professors.

Von den Fresken einmal abgesehen, war von dem opulenten Konzert- und Veranstaltungshaus selbst der Kaiser schwer beeindruckt. Er bezeichnete den Bau als »das schönste Kurhaus der Welt« und äußerte sich gegenüber Thiersch, er könne sich in seiner eigenen Hauptstadt gar nicht trauen, ein so monumentales Gebäude zu errichten.

Machtwechsel im 19. Jahrhundert

Frankreich befand sich auf dem Kriegspfad und alle europäischen Länder mussten mitmachen. Es ist die Zeit der Napoleonischen Kriege (1792–1815). Obwohl Nassau-Usingen sich bemühte, neutral zu bleiben, wurde es immer wieder in die Kriegshandlungen hineingezogen. Mal besetzten französische Truppen die Stadt, dann hatte Preußen wieder das Sagen in Wiesbaden. 1801 beendete der Frieden von Lunéville die Auseinandersetzung zwischen Frankreich und dem Heiligen Römischen Reich vorerst. Die Kampfhandlungen hatte Wiesbaden wohlbehalten überstanden, trotz seiner exponierten Lage als Grenzstadt am Rhein. Der Friedensvertrag sah vor, dass Wiesbaden an Frankreich fiel. Als Ausgleich für ihr verlorenes Land erhielten deutsche Fürstentümer 1803 Ländereien von aufgelösten Bistümern, Abteien und Klöstern. Die zwei Nassauer Linien Nassau-Weilburg und Nassau-Usingen bekamen Gebiete von den kirchlichen Kurfürstentümern in Mainz, Trier und Köln zugesprochen. Napoleon Bonaparte (1769–1821) höchstpersönlich schaute am 27. September 1804 in Wiesbaden vorbei, als er einen Reiterausflug über die Rheinbrücke unternahm. In Mainz hielt sich der Franzosenkaiser öfters auf, war diese Stadt doch bis 1814 Hauptstadt des Departements Mont-Tonnerre. Vor allem im Mai 1804 war in und rund um Wiesbaden mächtig was los. Napoleon traf sich in Mainz mit allen deutschen Fürsten. Das adlige Volk drängte mit seiner Gefolgschaft an den Rhein, sodass auch die Wiesbadener Privatquartiere überfüllt waren.

Aus zwei mach eins

Wiesbadens Zukunft war dennoch ungewiss. Unter welchen Schutz sollte sich die Kurstadt stellen? Waren sie Freund oder Feind von Napoleon? Zwei Jahre später war auch diese Frage geklärt. Am 12. Juli 1806 schlossen sich die Häuser Nassau-Usingen und Nassau-Weilburg mit 14 anderen Fürstentümern zum Rheinbund zusammen, der jedem einzelnen Fürstentum staatsrechtliche Souveränität verlieh. Der Fürst von Nassau-Usingen, Friedrich August, war von diesem Arrangement nicht sofort überzeugt. Der Legende nach soll Napoleon dem Fürsten bei seiner Entscheidungsfindung nachgeholfen haben. Der französische Kaiser soll höchstpersönlich ins Biebricher Schloss gereist sein, um den noch zögernden Friedrich August vom Beitritt zu überzeugen. Angeblich fanden die Verhandlungen im Schlafgemach des Fürsten statt, da dieser eine Krankheit vortäuschte, um Napoleon und einer Entscheidung aus dem Weg zu gehen.

Letztendlich stand Wiesbaden unter Frankreichs Herrschaft und das brachte nicht nur Vorteile mit sich. 1806 und 1807 mussten 2000 nassauische Soldaten Frankreich im Kampf gegen Preußen und Schweden unterstützen. Die beiden nassauischen Fürstentümer wurden innerhalb des Rheinbundes zusammengelegt und bildeten ab 1806 das Herzogtum Nassau. Gemeinsam regierten nun Friedrich August von Nassau-Usingen (1738–1816) und Friedrich Wilhelm von Nassau-Weilburg (1768–1816) das Herzogtum. Den Herzogtitel erhielt jedoch nur Friedrich August. Ab sofort war Wiesbaden Hauptstadt des Herzogtums Nassau. Alle Verwaltungseinheiten verlegten ihren Sitz nach Wiesbaden. Das bedeutete, dass viele Menschen in die neue Hauptstadt zogen. Vor den Stadttoren entstanden mehrstöckige Häuser mit großzügigen Bürgerwohnungen für die Landesbeamten.

Für das neu gebildete Herzogtum musste eine einheitliche Gesetzgebung ausgearbeitet werden. Die beiden Fürsten nutzen die Gelegenheit, das Verwaltungswesen neu zu gestalten. Es wurde verschlankt und zentralisiert. Ab 1810 folgte eine Reihe von weiteren Änderungen für die Bürger des Herzogtums. Ab diesem Jahr galt die Reise- und Niederlassungsfreiheit für Wiesbadener. Außerdem erhielten die Bürger das Recht der freien Verfügung über Grund und Boden sowie die Möglichkeit zur freien Gewerbeausübung und freiem Handel. Der Zunftzwang wurde aufgehoben und Katholiken durften per Gesetz ihren Glauben ausleben und mussten keine gesellschaftlichen Repressalien befürchten. Auch Anhänger anderer Religionen profitierten vom neuen Wind in der Verwaltung. Juden waren ab 1810 vom Leibzoll befreit. 1812 folgte eine Steuerreform, bei der viele Abgaben gestrichen wurden. Die noch bestehenden wurden jedoch erhöht.

Das junge Herzogtum brachte nicht nur Vorteile mit sich. Das Brennholz aus dem Gemeindewald wurde teurer, da es nur noch im freien Handel zu erwerben war. Früher wurde es gegen eine geringe Abgabe einfach an die Bürger verteilt. Dafür erhielten baufreudige Wiesbadener kostenlose Bauplätze, Bauprämien und Steuerbefreiungen. Es lief gut für das Herzogtum Nassau. Leider standen die politischen Zeiten auf Sturm. Napoleon verlor im Oktober 1813 die Völkerschlacht bei Leipzig gegen Österreich, Russland, Preußen und Schweden. In den kommenden Monaten zogen sich die französischen Truppen nach Mainz zurück. Wiesbaden blieb in dieser Zeit von militärischen Auseinandersetzungen weitgehend verschont. Das Herzogtum Nassau wendete sich von Napoleon ab und schloss sich den preußischen Siegern an. Während der Befreiungskriege versammelten sich russische und preußische Truppen in Wiesbaden, um die französische Besatzung in Mainz einzuschließen. Doch russische Soldaten in der Stadt zu haben, war bei Weitem kein Spaß. Die Kosaken kampierten mitsamt ihren Pferden in den hübschen Wohnhäusern. In Wiesbaden war es voll, es herrschte eine gespannte Unruhe, das Essen wurde knapp und Krankheiten wie das Nervenfieber schlugen um sich.

Am 12. Dezember 1813 tanzten Prinz Wilhelm von Preußen und seine Generäle Blücher und Yorck eine Quadrille, aus Freude darüber, Napoleon bezwungen zu haben. Der Ball soll gut 9000 Gulden gekostet haben und die Hälfte des Betrags wurde allein für den Wein aufgewendet.

Es kam am 6. April 1814 zu Friedensverhandlungen in Paris. Bis zu diesem Zeitpunkt waren 300.000 Soldaten in Wiesbaden einquartiert. Mit dem Untergang Napoleons verlor Nassau einen Teil seiner Ländereien. Wiesbaden blieb aber weiterhin Landeshauptstadt des Herzogtums, und Friedrich August von Nassau stand weiterhin an der Spitze seines Reiches. Er war ein aufgeklärter und liberaler Herrscher, der durch Reformen wie die Beseitigung von Steuerprivilegien des Adels, die Einführung der Pressefreiheit und einer Verfassung einen modernen Staat begründete. Seine Hofhaltung am Biebricher Schloss wurde von Besuchern wegen ihrer Gastlichkeit und Heiterkeit gerühmt.

Jagdschloss Platte

Über einen Mangel an Residenzen brauchten sich die Herzöge von Nassau nicht zu beklagen. Doch für die Jagdsaison fehlte noch ein geeignetes Objekt. In den Jahren 1823 bis 1826 ließ Wilhelm I. von Nassau daher ein Jagdschloss an den Taunushöhen oberhalb von Wiesbaden errichten. Das Gebäude, welches Hofbaumeister Friedrich Ludwig Schrumpf (1765–1844) entwarf, entstand auf der sogenannten Platte, einer 500 Meter hohen Erhebung des Taunusrückens. Das Jagdschloss Platte wurde in klassizistischem Stil errichtet. Es hatte einen quadratischen Grundriss und eine klare kubische Form. Auf dem Dach, welches die Form eines Pyramidenstumpfs hatte, gab es eine Aussichtsplattform mit Blick auf den Wiesbadener Tal-

kessel und die Rheinebene. Im Inneren bildete die Wendeltreppe
das Zentrum. Über der Treppe spannte sich eine Kuppel, ganz
nach dem Vorbild des römischen Pantheons. Das Schloss verfügte über 54 Räume, die auf drei Ebenen verteilt waren und
sich um das Treppenhaus gruppierten. Selbstredend waren alle
Zimmer prachtvoll ausgestattet, wie das Empfangszimmer des
Herzogs, welches ausnahmslos Möbel enthielt, die aus Hirsch-
geweih gefertigt waren.

Das umliegende Jagdrevier hatte eine beachtliche Größe und
verfügte über einen enormen Wildbestand. Zahlreiche prominente Gäste wie Zar Alexander II. (1818–1881) nebst Gattin Zarin Maria Alexandrowna (1824–1880) oder Kaiserin Eugénie von
Frankreich (1826–1920) weilten im Jagdschloss und verwandelten die nassauische Herbstresidenz zu einem Schauplatz gesellschaftlichen Lebens. Während der Abwesenheit des Herzogs
stand das Schloss Bürgern und Kurgästen für Besichtigungen
und Veranstaltungen zur Verfügung. Nach dem Tod Wilhelms I.
ging das Schloss in den Besitz seines Sohnes Adolf über. Nachdem 1866 Nassau von Preußen besetzt und der Herzog seines
Amtes enthoben wurde, durfte er das Jagdschloss Platte behal-
ten. Als Adolf 1890 Großherzog von Luxemburg wurde, ging es
in den Besitz des Staates Luxemburg über. Nachdem Adolf im
Jahr 1905 gestorben war, verkaufte Luxemburg das Jagdschloss
1913 für 400.000 Goldmark an die Stadt Wiesbaden.

Generationenwechsel

Am 24. März 1816 starb Herzog Friedrich August im Alter von 77
Jahren in Biebrich, ohne einen Erben zu hinterlassen. Erst zehn
Wochen zuvor hatte er seinen Vetter Fürst Friedrich Wilhelm
zu Grabe getragen, der nach einem Treppensturz auf Schloss
Weilburg einen Schlaganfall erlitten hatte. Nächster in der Erb-
folge war der älteste Sohn aus der Nassau-Weilburger Linie.

Prinz Wilhelm (1792–1839) war gerade einmal 23 Jahre alt, als er das Amt des Herzogs übernahm. Dennoch war er gut auf seine Rolle als zukünftiger Herrscher vorbereitet. Zusammen mit seiner Frau Luise von Sachsen-Hildburghausen (1794–1825) verließ er Schloss Weilburg und nahm in der Landeshauptstadt Wiesbaden seine Residenz. Für ihn war das Erbprinzenpalais in der Wilhelmstraße errichtet worden, er bezog es jedoch nicht mehr, sondern bevorzugte das am Rhein gelegene Schloss Biebrich mit seiner großzügigen Bauweise. Den liberalen Kurs seines Vaters und seines Onkels übernahm der neue Herrscher im Biebricher Schloss nicht. Herzog Wilhelm war ein gebildeter und intelligenter Mann, der die unumschränkte Staatsgewalt anstrebte. Ab den 1830er-Jahren wollte Wilhelm I. seinen Sitz vom stadtfernen, am Rhein gelegenen Biebricher Schloss in die Stadt verlegen, offiziell, um mehr Bürgersinn zu demonstrieren. 1837 fingen die Bauarbeiten zum neuen Stadtschloss an. Wilhelm erlebte jedoch die Fertigstellung seines neuen Domizils nicht mehr. Er starb während einer Kur in Kissingen am 20. August 1839 an einem Schlaganfall.

Herzog und Großfürst

Adolf von Nassau (1817–1905) übernahm nach dem Tod seines Vaters am 20. August 1839 als 22-Jähriger die Herrschaft über das Herzogtum Nassau. Eine seiner ersten Veränderungen war die Verlegung der herzoglichen Residenz von Biebrich direkt ins Herz von Wiesbaden. 1841 zog er in das neu erbaute Stadtschloss. Er residierte vorrangig in den Wintermonaten in Wiesbaden, den Sommer verbrachte die Familie auf Schloss Biebrich.

Das Stadtschloss entwarf der Darmstädter Architekt Georg Moller und realisierte es auf einem Eckgrundstück. Der schlichte Bau schließt rechts und links direkt an die benachbarten Häuser an. Die Eingangstreppe führt in das pulsierende Zentrum der Stadt, nämlich auf den Marktplatz. Die herzogliche Familie nutzte diesen Eingang jedoch nur selten. Sie zog es vor, über den Hintereingang das Stadtschloss zu betreten, da dieser direkt mit der Kutsche angefahren werden konnte. Seit 1946 ist das Stadtschloss der Sitz der hessischen Landesregierung.

Am 31. Januar 1844 heiratete Herzog Adolf die russische Großfürstin Elisabeth Romanow. Nachdem seine Frau nur ein Jahr später im Alter von 19 Jahren bei der Geburt ihrer Tochter gestorben war, ließ Adolf unter Verwendung von einer Million Rubel aus der Mitgift seiner Frau auf dem Neroberg in Wiesbaden eine prächtige Grabkapelle errichten. Am 23. April 1851 heiratete Herzog Adolf Prinzessin Adelheid Marie von Anhalt-Dessau (1833–1916). Das Paar hatte fünf gemeinsame Kinder. Herzog Adolf galt als fortschrittlicher Landesherr. In die Zeit seiner Regentschaft fiel der Bau der Eisenbahn, und er förderte die Industrialisierung, indem er die Erlaubnis erteilte, dass sich große Fabriken in Biebrich und Höchst ansiedeln durften. 1840 gründete der Herzog die »Herzoglich Nassauische Landes-Credit-Casse«, aus der später die Nassauische Sparkasse hervorging.

Nachdem Nassau den Krieg gegen Preußen verloren hatte, schied Herzog Adolf am 20. September 1866 aus dem Amt. Seiner Forderung, Eigentümer aller staatlichen Domänen zu werden, wurde nicht entsprochen. Nach langen Verhandlungen einigten sich Preußen und Adolf vertraglich auf eine Abfindung, die aus 15 Millionen Gulden, verzinslich zu 4,5 Prozent, sowie vier Schlössern (Schloss Biebrich, Schloss Weilburg, Jagdschloss Platte und das Luxemburgische Schloss in Königstein) bestand. Adolf hielt sich danach hauptsächlich in Wien und in Frankfurt am Main auf und reiste viel. 1890 erhielt Herzog Adolf die Chance, noch einmal über ein Land zu regieren. Luxemburg hieß die letzte Station in Adolfs Leben. Der Grund dafür war das Ende der Personalunion zwischen den Niederlanden und Luxemburg. Von 1815 bis 1890 wurde das kleine Land vom niederländischen König mitregiert. Da König Wilhelm III. (1817–1890) ohne männliche Nachkommen blieb und in Luxemburg – anders als in den Niederlanden – eine rein männliche Erbfolge galt, bekam Adolf als nahestehender Verwandter die Möglichkeit, als Protestant im katholischen Luxemburg Großherzog zu werden. Aus der Tagespolitik im liberalen Luxemburg hielt er sich heraus. Als er 1905 starb, war er mit 88 Jahren der älteste regierende Monarch in Europa.

Märzrevolution

Obwohl Herzog Adolf einen konservativen Regierungsstil pflegte, beugte er sich dem Druck der Märzrevolution im Jahr 1848. Eine Gruppe von Bürgern um den Abgeordneten August Hergenhahn (1804–1874) formulierte und veröffentlichte die »Neun Forderungen der Nassauer«. Diese Gruppe forderte unter anderem Presse- und Religionsfreiheit, Volksbewaffnung und öffentliche Gerichtsverfahren. Mithilfe von Handzetteln und Mundpropaganda wurde die Bevölkerung zu einer allgemeinen Volksversammlung aufgerufen. Am 4. März 1848 reisten über 30.000 Menschen aus dem ganzen Herzogtum Nassau an, um vor dem Stadtschloss die Einlösung der Reformen zu fordern. Was blieb dem Herzog angesichts der Menschenmassen anderes übrig, wie den »Neun Forderungen der Nassauer« nachzugeben und den Menschen in seinem Reich erstmals Bürgerrechte zu gewähren?

Unter Minister Hergenhahn wurde im gleichen Monat eine Reihe von Gesetzen verabschiedet wie die Einführung des allgemeinen, gleichen und geheimen Wahlrechts. Der Einfluss der Märzrevolution führte im April 1848 zur Bildung der »Republi-

kanischen Gesellschaft«. Diese wartete mit einer ganzen Reihe
von Forderungen auf. Die Republikanische Gesellschaft forderte die Abschaffung von Fürsten, Zehnten und Zöllen sowie
die Beseitigung des Missstandes zwischen Kapital und Arbeit.
Die neue freiheitliche Geisteshaltung in der Bevölkerung führte
zur Gründung von Zeitungen und Vereinen. Die »Freie Zeitung«
vertrat in ihren Beiträgen des Gedankengut der Märzrevolution.
Die »Nassauische Zeitung« sowie die »Nassauische Allgemeine
Zeitung« traten für eine Monarchie auf demokratischer Grundlage ein.

Doch lange währten die Bürgerrechte nicht. Nach dem Schei-
tern der Forderungen der Frankfurter Nationalversammlung im
Jahr 1849 legte Hergenhahn sein Ministeramt nieder. 1851 wurde
die Presse- und Versammlungsfreiheit eingeschränkt und am
27. September des gleichen Jahres verkündete Herzog Adolf die
Aufhebung der Bürgerrechte.

Unter Preußens Hand

Nassau stand im Deutschen Krieg von 1866 auf Seiten des Deutschen Bundes unter dem Vorsitz Österreichs. Das war leider eine
schlechte Entscheidung. Österreich verlor den Krieg, und ab sofort gehörte Nassau zum Königreich Preußen. 60 Jahre nach seiner Gründung wurde das Herzogtum Nassau daher aufgelöst.
Wiesbaden hatte jetzt keinen Herzog mehr, blieb aber dennoch
Hauptstadt: Die Preußen riefen die Provinz Hessen-Nassau aus,
zu der auch Hessen-Kassel und Teile von Hessen-Darmstadt
zählten sowie die ehemalige freie Reichsstadt Frankfurt. Die
Preußen teilten ihre neue Provinz in zwei Regierungsbezirke
ein: Wiesbaden und Kassel. Zum ersten offiziellen Besuch kam
König Wilhelm I. (1797–1888) im Jahr 1867 nach Wiesbaden. An-
lass war die Grundsteinlegung für ein Militärkurhaus. Die Stadt
empfing den neuen Herrscher mit allen Ehren. Ein glanzvoller

Ball fand im Kurhaus statt, und hohe preußische sowie nassauische Beamte trafen sich friedlich im Hotel Vier Jahreszeiten.

Zwei Jahre später beehrte der König Wiesbaden erneut. Diesmal kam er zur Einweihung der neuen Synagoge am Michaelsberg. Es vergingen einige Jahre, zwischenzeitlich tobte der
Deutsch-Französische Krieg und Wilhelm I. erlangte die Kai-
serwürde, bevor er sich erneut in der Kurstadt blicken ließ.
Dafür erschien er ab 1871 jährlich in seiner Lieblingsstadt. Der
preußische Kronprinz Friedrich Wilhelm verweilte mit seiner
Familie sogar für längere Kuraufenthalte in Wiesbaden.

Als besagter Kronprinz später als Kaiser Wilhelm II. (1859–
1941) regierte, erwies er sich als großer Förderer der Stadt. Vor
allem in Bezug auf öffentliche Baumaßnahmen ließ es sich der
Kaiser nicht nehmen Wiesbaden zu protegieren. Der Bau des
Bahnhofes, des Theaters und des neuen Kurhauses konnten
dank des Einflusses von Wilhelm II. realisiert werden. Während seiner Aufenthalte diente das Stadtschloss als kaiserliche
Kurresidenz. Kurz vor dem Ersten Weltkrieg im Jahr 1914 besuchte der Kaiser zum letzten Mal seine Lieblingsstadt, bevor er
1918 ins niederländische Exil ging.

Kaiser Wilhelm beim Ausritt in Wiesbaden

Der Wiesbadener Prinzenraub

Ein Rosenkrieg war Ursache für die Entführung des serbischen Kronprinzen Alexander Obrenović (1876–1903) im Jahr 1888. Doch kein Fremder hatte Hand an den jungen Prinzen gelegt, sondern es war sein Vater König Milan von Serbien (1854–1901), der ihn aus der Villa Clementine entführte. Das serbische Königspaar lebte seit dem 6. April 1887 getrennt. Für ihren Sohn beschlossen die Eltern, dass er ab 1887/88 in einer gemeinsam ausgewählten Stadt Deutschlands erzogen werden sollte, die außer günstigen klimatischen Bedingungen auch eine serbisch- oder russisch-orthodoxe Kirche haben sollte. Wiesbaden schien der ideale Wohnsitz. Der Trennungsvertrag der serbischen Hoheiten sah darüber hinaus vor, dass der »Kronprinz sich während der Dauer seiner Erziehung unter der Obhut seiner hohen Mutter befinden werde, welche zu diesem Zweck mit ihm zusammenwohnen und ihn auch nach Serbien während der Ferien begleiten wird«.

Wegen politischer Unruhen in Belgrad hielt König Milan es für sicherer, wenn der Kronprinz sich nicht im Land aufhielt. Am 4. Juni 1888 teilte Königin Natalie (1859–1941) ihrem Ehemann mit, sie habe in Wiesbaden »eine sehr schöne Villa gemietet« und werde sich hier niederlassen. Ihre Absicht, nach ihrem Einzug in die Villa Clementine im Sommer 1888 nach Belgrad zu reisen, wies König Milan entschieden zurück und informierte sie darüber, dass er die Ehescheidung bei der heiligen nationalen Kirche beantragt habe. Das serbische Königpaar lebte zwar getrennt, doch eine Scheidung missfiel Königin Natalie. Als der König vom Widerwillen seiner Frau erfuhr, verlangte er im Gegenzug in einer Depesche vom 14. Juni, Natalie solle ihn als »Gatten und Vater« anerkennen und dies dadurch beweisen, dass sie den Kronprinzen ohne ihre Begleitung nach Belgrad abreisen lasse. Wenn Natalie nicht einwillige, dann werde er seinen Sohn mit Gewalt zurückführen, und solle es ihr in den Sinn kommen, mit ihm nach Belgrad zu kommen, werde er ihn ihr mit Gewalt nehmen und die Ehescheidung erwirken. Von diesem Vorschlag war die Königin ebenfalls nicht begeistert. In einem neuen Vertragsentwurf sollte sich Königin Natalie verpflichten, »bis zur Großjährigkeit des Kronprinzen niemals ohne spezielle Einladung des Königs nach Serbien zu kommen«. Sie sollte mit dem Kronprinzen bis zum 1. Januar 1893 in Wiesbaden ansässig bleiben und ihre Residenz nicht ohne schriftliche Zustimmung des Königs ändern. Dieser von Milan bereits unterzeichnete Vertrag, »zu Wiesbaden« und »zu Belgrad«, fand gleichermaßen keine Zustimmung bei Königin Natalie. Es kam, wie es kommen musste.

In den frühen Morgenstunden des 13. Juli 1888 schirmten Schutzleute und Geheimpolizisten die Villa Clementine ab. Um kurz vor zehn Uhr begaben sich die von König Milan bestimmten Adjutanten des Kronprinzen, Major Chiević und Oberstleutnant Bjalović, in die Villa. Nach kurzer Verhandlung wurde Prinz Alexander General Protić übergeben, zum Taunusbahnhof gefahren und in einem dort bereitstehenden Salonwagen mit seinen Adjutanten nach Belgrad verfrachtet. Politisches Kalkül war der Grund für die Entführung und Kronprinz Alexander ein Spielball seines Vaters im Kampf um die Macht in Serbien.

Wiesbaden und die Russen

Es mag nicht von ungefähr kommen, dass in Wiesbaden auch heute noch auffällig viele russische Wörter durch die Luft schwirren. Als Weltkurstadt lockte Wiesbaden um 1800 vermehrt Gäste aus dem fernen Russland an seine heißen Quellen. Eine Vielzahl von russischen Adeligen hielt sich für längere Kuraufenthalte in Wiesbaden auf. Auch die russische Großfürstin Katharina (1788–1819), eine Schwester von Zar Nikolaus I. (1798–1849), folgte dem neuen Reisetrend und besuchte 1814 die Kurstadt am Rhein. Familiäre Verbindungen führten letztendlich zu einer tieferen Beziehung zwischen den Häusern Nassau und Romanow. Dank dieser deutsch-russischen Freundschaft besitzt Wiesbaden heute ein sakrales Schmuckstück auf dem Neroberg.

Herzog Adolfs Liebesglück

Zu Beginn des 19. Jahrhunderts fing die enge Bindung Wiesbadens zum russischen Zarenhaus an. Herzog Wilhelm von Nassau (1792–1839) war in zweiter Ehe mit Pauline von Württemberg (1810–1856) verheiratet. Deren Schwester Helene lebte in Russland und war mit dem Großfürsten Michael von Russland verheiratet. Dem kleinen Herzogtum Nassau war sehr daran gelegen, diese familiären Bindungen zu vertiefen. Schon allein wegen der beachtlichen Mitgift von einer Million Goldrubel, die eine russische Großfürstin mit in die Ehe brachte. Herzog Adolf von Nassau (1817–1905) war auserkoren, Elisabeth Romanow (1826–1845), eine Nichte des Zaren, zu ehelichen. Am 31. Januar 1844 fand der große Tag in Petersburg statt. Bis die Braut ihre sieben Sachen gepackt und die lange Reise hinter sich gebracht hatte, vergingen noch einige Wochen. Erst am 26. März 1844 zog das Paar feierlich in Wiesbaden ein. Zwei Tage später gab die herzogliche Hof-, Zivil- und Militärdienerschaft im Kursaal einen Festball. Bereits für die Anfahrt zum Kursaal hatte sich die Dienerschaft etwas Besonderes einfallen lassen. Die Burgstraße sowie die obere Wilhelminenstraße waren durch bengalische Feuer erleuchtet. Im Kursaal nahm das Herrscherpaar auf einem erhöhten Podest seine Plätze ein. Der Standort war mit Bedacht gewählt worden, denn aus dieser Position konnten der Herzog und die Herzogin die Lage im Saal gut überblicken. Zu Ehren der hübschen Herzogin spielten abwechselnd zwei Kapellen zum Tanz auf.

Die Kosten für den Empfang ihrer neuen Herzogin beliefen sich auf 5121 Gulden. Das ist eine ganze Menge, aber die Beamten teilten die Ausgaben gleichmäßig untereinander auf. So musste jeder die stolze Summe von 100 Gulden und 48 Kreuzer bezahlen.

Nachdem die russische Großfürstin sich mit ihrem Gefolge im Biebricher Schloss häuslich eingerichtet hatte, fiel auf, dass es in Wiesbaden keinen geeigneten Ort gab, wo die junge Landesfürstin ihren Glauben ausleben konnte. Aber nicht nur die Herzogin, auch ihre Bediensteten und die große Zahl russischer Gäste, die seit der Hochzeit nach Wiesbaden zum Kuren strömten, waren an einem russisch-orthodoxen Gotteshaus interessiert. Eine Lösung war schnell gefunden. In der Rheinstraße 35/37, dem heutigen Sitz des Statistischen Landesamtes, stand ein geeignetes Objekt: die ehemalige Orthopädische Heilanstalt des Dr. Johann Carl Crévé, die ihrem Besitzer nicht den erhofften Ruhm gebracht hatte. Crévé war daher froh, das Gebäude 1843 für 64.000 Gulden an den Herzoglichen Domänenfiskus verkaufen zu können. Ursprünglich sollte das Objekt der Witwensitz von Herzogin Pauline werden. Doch kurzerhand beschloss die Regierung, hier eine Kapelle für den russisch-orthodoxen Gottesdienst einzurichten. Neben einem großen Saal für den

Gottesdienst beherbergte das Anwesen auch Wohnungen für die Priester und mehrere Sänger, einen Betraum sowie ein Gemach für die Herzogin. Am 7. November 1844 war der Umbau der Kapelle fertiggestellt. Lange hatte Herzogin Elisabeth keine Freude an ihrer Kapelle. Sie starb nur wenige Monate später im Kindbett. Am 1. Februar 1845 wurde ihr Leichnam in die russische Kapelle überführt und für drei Tage aufgebahrt. Erst danach erfolgte die vorläufige Beisetzung in der Mauritiuskirche.

Ein Stück Heimat als letzte Ruhestätte

Die orthodoxe Herzogin durfte nur an einer nach orthodoxem Ritus geweihten Stätte beigesetzt werden, wofür die russische Gesandtschaftskapelle in der Rheinstraße ungeeignet war. Als orthodoxes Gotteshaus blieb die Adresse in der Rheinstraße vorerst erhalten. Das war eine gute Entscheidung, besuchte doch Zarin Alexandra, die sich in Schlangenbad zur Kur aufhielt, 1852 die Wiesbadener Kapelle. Recht schnell nach dem Tod seiner geliebten Frau beschloss Adolf, dass eine Grabkapelle für die verstorbene Herzogin gebaut werden sollte. Die Kosten sollten aus ihrer Mitgift finanziert werden. Die Hügellage der neuen Kirche auf dem Neroberg wählte Herzog Adolf höchstpersönlich, sodass er das orthodoxe Gotteshaus von seiner Residenz aus stets im Blick hatte.

Die Russisch-Orthodoxe Kirche der heiligen Elisabeth in Wiesbaden, wie der vollständige Name lautet, ist der Mutter von Johannes dem Täufer gewidmet, die in der orthodoxen Religion

Russische Kapelle auf dem Neroberg

als Heilig verehrt wird. Das hübsche Gotteshaus ist bis heute eine exotische Erscheinung im Wiesbadener Stadtbild. Die Form der Grabkapelle auf dem Neroberg geht auf die Moskauer Erlöserkirche zurück. Architekt Philipp Hoffmann (1806–1889) hatte diese auf seinen Reisen nach Russland persönlich in Augenschein genommen. Zwei Jahre weilte Oberbaurat Philipp Hoffmann auf Anweisung seines Dienstherrn in Moskau und St. Petersburg, um den orthodoxen Kirchenbau zu studieren. Zu seinen Plänen schreibt Hoffmann: »Um bei einer beschränkten Ausdehnung der gesamten Anlage einen möglichst großen Mittelraum zu erlangen, sind freistehende Pfeiler vermieden worden [...] wobei sich die innere Hauptkapelle mit einer weiten Lichtöffnung in den hohen Kuppelturm erhebt.«

Die Kuppel des Gotteshauses ist ein architektonischer Glanzpunkt. Die fünf vergoldeten Zwiebeltürme leuchten mit dem Sonnenlicht um die Wette, wobei eine große Kuppel von vier kleineren flankiert wird. Auf allen Kuppeln sitzen feuervergoldete orthodoxe Kreuze, die nach Süden ausgerichtet sind. Jede Kuppel steht auf einem Rundturm; der zentrale Laternenturm ist höher und hat einen größeren Durchmesser. Der nordöstliche Turm besitzt eine Spindeltreppe, über die der Zugang bis unter die Zentralkuppel möglich ist. Von dort führt eine kleine Tür auf das Dach. Am 25. Mai 1855 wurde das prächtige Gotteshaus von den Erzpriestern Bazaroff und Pelisodoff geweiht. Daher fand Herzogin Elisabeth erst zehn Jahre nach ihrem frühen Tod in dem geweihten, orthodoxen Bau ihre letzte Ruhestätte. Der eindrucksvolle Sarkophag, in dem die Gebeine der Herzogin liegen, ist aus italienischem Marmor gefertigt und steht in einer Seitenkapelle.

Das orthodoxe Gotteshaus besitzt zwei Eingänge, den Süd- und den Westeingang. Der Südeingang war ursprünglich nur für die russischen Fürsten bestimmt. Er wurde nach dem Sturz des letzten Zaren, Nikolaus II. (1868–1918), im Jahr 1917 für immer geschlossen. Wer die Kirche über den Südausgang verlässt, dem legt sich Wiesbaden in einem einzigartigen Panorama zu

Füßen. Der Westeingang wird heute als Haupteingang genutzt und war früher der Zugang für das »einfache Volk«. Außen ist der sakrale Bau in hellem Sandstein gehalten, innen dominiert weißer Marmor. Für die Fresken der Engel, Propheten und Evangelisten in der Kuppel war der Berliner Künstler August Hopfgarten (1807–1896) verantwortlich.

Der russische Friedhof

Obwohl Herzogin Elisabeth nur kurze Zeit in Wiesbaden verbrachte, bestanden auch nach ihrem Tod gute Kontakte zum Hof in St. Petersburg. Viele russische Landsleute legten auf ihren Reisen nach Westeuropa einen Stopp in der Kurstadt Wiesbaden ein. So manch ein Anhänger des Zarenhauses erlag dem Charme der Kurstadt und blieb für immer. Ein Jahr nach der Einweihung der russischen Kirche gab Großfürstin Jelena, die Mutter der verstorbenen Herzogin Elisabeth, daher den Anstoß, einen russischen Friedhof in der Kurstadt anzulegen. Bis heute ist dieser Friedhof einer der ältesten seiner Art in Westeuropa. Die Großfürstin besaß schon lange eine Vorliebe für Wiesbaden und teilte dies auch in Adelskreisen mit, womit sie kräftig die Werbetrommel für die Kurstadt rührte. Für Angehörige der russisch-orthodoxen Konfession, »die etwa dort [Wiesbaden] ihr Leben beschließen sollten«, wollte Großfürstin Jelena einen Begräbnisplatz schaffen. Die Kosten sollten sich auf rund 2500 Gulden belaufen und die Hälfte davon finanzierte die Großfürstin aus eigener Tasche. Die andere Hälfte zahlte das russische Außenministerium. Der Herzog von Nassau, ihr Schwiegersohn, stellte das Land zur Verfügung. Über ihren Sekretär ließ Jelena Herzog Adolf mitteilen, dass Philipp Hoffmann den Entwurf für den Friedhof fertigen und ihr zunächst vorlegen sollte. Einzige Bedingung war eine möglichst harmonische Verbindung mit der Grabkirche ihrer Tochter.

Der Friedhof erhielt als Abgrenzung eine Ziegelsteinmauer.

Das Eingangstor besteht aus einem Eisengitter, auf dem ein vergoldetes russisches Kreuz seinen Platz gefunden hat. Im Juli 1856 teilte der Baurat mit einer gewissen Genugtuung mit, dass er die Bausumme um einige Gulden unterschritten hatte. Die offizielle Einweihung des russischen Friedhofes fand am 31. August 1856 statt. Die erste Beisetzung erfolgte bereits zwei Tage vor der offiziellen Inbetriebnahme des Begräbnisplatzes. Der russische Fürst Repnin, ein junger Diplomat, war während seines Kuraufenthaltes in Bad Soden an der Schwindsucht verstorben und fand am 29. August 1856 seine letzte Ruhestätte in Wiesbaden. Der Friedhof war die ersten Jahre im Besitz des Herzogs von Nassau, bevor er 1864 an die russische Kirche überging. Erste bauliche Veränderungen fanden 1861 statt. Damals erhielt die Begräbnisstätte eine Friedhofskapelle. In der Mittelachse errichtete die russische Gemeinde einen kleinen Zentralbau, dessen blaue Kuppel mit Sternen übersät ist. Bereits 1863 war abzusehen, dass die Kapazitäten auf dem Gelände bald erschöpft sein würden. Hoffmann erhielt daher den Auftrag, die Erweiterung des Friedhofes zu planen. Die bisher letzte Erweiterung des Areals stand 1977 auf dem Plan. Der Friedhof auf dem Neroberg war lange Zeit die einzige russisch-orthodoxe Begräbnisstätte in Deutschland. Daher war das Einzugsgebiet relativ groß. Während in der ersten Zeit vor allem zahlreiche russische Adelige und Staatsmänner hier beigesetzt wurden, fanden nach dem Zweiten Weltkrieg vorwiegend russische Emigranten, die vor der Oktoberrevolution nach Deutschland geflohen waren, ihre letzte Ruhestätte. Da im orthodoxen Glauben Gräber nach einer bestimmten Anzahl von Jahren nicht wiederbelegt werden dürfen, wie in den christlichen Religionen, muss sich das Areal des Friedhofes ständig vergrößern.

Seit 1857 werden alle auf dem russischen Friedhof beigesetzten Verstorbenen in einem Buch namentlich festgehalten. Dieses Dokument wird noch heute in der russischen Gemeinde aufbewahrt und dient als wichtige historische Quelle.

Dichterfürst und Meistersinger

Geld und Kunst harmonieren gut miteinander. Wo sich das Geld aufhält, folgt zumeist schnell auch die Kunst. In Wiesbaden hielten sich neben dem finanzstarken Adel auch viele bekannte Schriftsteller und Musiker auf. Sowohl für Goethe wie auch für Brahms und Wagner war Wiesbaden und seine besondere Lage zwischen Taunus und Rhein eine sprudelnde Quelle der Inspiration.

Persische Gedichte am Rhein

Es war elf Uhr in der Nacht, als kein Geringerer als Johann Wolfgang von Goethe (1749–1832) am 29. Juli 1814 in Wiesbaden eintraf. Fünf Tage lang war der Dichter unterwegs, um von seinem Wohnort Weimar in die Kurstadt zu gelangen. Es war eine anstrengende Fahrt auf holprigen Straßen und die Reisenden in der Kutsche wurden ordentlich durchgerüttelt. Erschöpft von den Strapazen der Reise, bezog Goethe zu später Nachtstunde sein Quartier in der Langgasse. Der Dichter wusste jedoch ganz genau, was ihn in die Kurstadt zog. »Man bedarf in Wiesbaden nur einer Viertelstunde des Steigens, um in alle Herrlichkeit der Welt zu blicken«, schrieb Goethe nach einem seiner Spaziergänge rund um Wiesbaden. Der Dichter hatte die Stadt in seiner Jugend mehrmals besucht: 1763, 1765 sowie 1793.

In den Jahren 1814 und 1815 weilte Goethe für mehrere Wochen in Wiesbaden. Laut seinen Tagebuchaufzeichnungen aus dem Jahr 1814 genoss er während seines 26-tägigen Aufenthaltes insgesamt 22 mal die Thermalbäder. Auf Rat seiner Ehefrau Christiane (1756–1816) hin hatte sich Goethe damals auf den

Weg von Weimar nach Wiesbaden begeben. Schließlich war er seit mehr als 17 Jahren nicht mehr in seiner Heimat Frankfurt oder am Rhein gewesen. Der Vorschlag seiner Ehefrau war genau das Richtige für den angeschlagenen Dichter. Goethe entspannte sich in Wiesbaden, und er griff wieder häufiger zu Papier und Feder. Der Dichter selbst sprach sogar von einer »Verjüngung« und »wiederholten Pubertät«. Vielleicht waren es auch einfach nur Frühlingsgefühle, die er für seine Muse Marianne von Willemer (1784–1860) hegte. Die junge Frau, Gemahlin eines Freundes, inspirierte Goethe und soll darüber hinaus an einem seiner Werke mitgeschrieben haben. Es heißt, dass sich zwischen Goethe und Marianne eine tiefe Liebesbeziehung entwickelt hat, aus deren Inspiration die wohl schönsten Liebesgedichte des Divans entstanden. Der »West-östliche Divan« ist ein Spätwerk Goethes, das von der persisch-arabischen Dichtkunst beeinflusst ist. Ihre Leidenschaft füreinander lebten Willemer und Goethe in einem poetischen Dialog als Personen Suleika und Hatem aus. Die Gedichte »an den Ostwind« und »an den Westwind« sollen der Schreibfeder von Marianne von Willemer entsprungen sein.

Wenn Goethe sich auf den eigentlichen Zweck seines Aufenthaltes in Wiesbaden konzentrierte, war der Dichter zumeist frühmorgens in den Thermalbädern unterwegs. Das lag nicht daran, dass Goethe ein ausgesprochener Frühaufsteher war, sondern ist auf die hygienischen Zustände in den Bädern zurückzuführen. Das

Marianne von Willemer:
Goethes Muse in Wiesbaden

Wasser in den Becken wurde oft nur einmal am Tag, meistens in
der Zeit, in der kein Kurbetrieb herrschte, gewechselt. Eine Kom-
bination aus Bade- und Trinkkur waren zu Goethes Zeit absolut
im Trend. Das Wasser für die Trinkkur stammte aus dem nahegelegenen Bad Schwalbach und wurde täglich in die Landeshauptstadt geliefert.

Goethe logierte während seiner Kuraufenthalte im Hotel »Bä-
ren«. Sein Gastwirt besaß jedoch keine Konzession, um Speisen
zu servieren. Zumindest nicht in der Öffentlichkeit. Daher nahm
der Dichter seine Mahlzeiten auf dem Zimmer ein. Für das Mit-
tagessen begab sich Goethe gern in den Kursaal. Viele Hundert
Gäste kamen zum Speisen an diesen Ort, und es herrschte zur
Mittagszeit stets ein reges und lautes Treiben. Ohne rechtzeitige
Reservierung war es unmöglich, einen Platz zu ergattern. Für
Goethe galt das selbstverständlich nicht. Der Dichterfürst hielt
Hof im Kursaal und empfahl seinen Besuchern den Rheinsalm
in Gelee. An den Sonntagen weilte Goethe bei der herzoglichen
Familie im Schloss zu Biebrich.

Auch seinen 65. Geburtstag am 28. August feierte er im barocken Schloss am Rhein. Jedoch wünschte Goethe, dass keine
große Feier stattfand. Bereits am Morgen hatte er im Kursaal
eine Ehrung der Stadt Wiesbaden entgegengenommen. Während des Frühstücks wurden ihm Geschenke überreicht, darunter ein Korb mit Artischocken und eine Tasse für Trinkscho-
kolade. Den Abend verbrachte der Dichter in kleiner geselliger
Runde, bei der einen oder anderen Flasche Rheingauer Wein.
Am nächsten Tag hielt Goethe in seinem Tagebuch fest: »nicht
wohl, im Bett geblieben.«

Obwohl der Frankfurter Dichter bereits zu Lebzeiten einen
hohen Bekanntheitsgrad genoss, hielt er sich nicht nur in Adelskreisen auf. Während seiner Zeit in Wiesbaden stand er in re-
gem Kontakt mit Bernhard Hundeshagen (1784–1856), dem Bi-
bliothekar der nassauischen Regierungsbibliothek, sowie dem
Theatermaler Friedrich Christian Woiter, der Goethe seine An-

stellung am Theater in Weimar zu verdanken hat. Besonders
gern hielt sich der Dichter im Haus des Mineralogen Ludwig
Cramer auf. Gemeinsam zogen sie zum Buddeln in die Stein-
brüche bei Sonnenberg.

Seit 2001 fungiert die Villa Clementine als Ort des literarischen
Austauschs: In den stilvollen Räumen in der Frankfurter Straße 1
finden Lesungen und Diskussionen statt. Zwischen 2006 und
2009 wurde die Villa renoviert. Im ersten Stock ist jetzt ein Café,
an das sich ein Lesezimmer sowie eine Büchertauschstelle an-
schließt.

Musiker mit scharfer Zunge

Im Alter von 48 Jahren zog es den bekannten Kapellmeister
und Komponisten Louis Ehlert nach Wiesbaden. Ursprünglich
stammte der Künstler aus Königsberg, wo er am 23. Januar 1825
auf die Welt gekommen war. Eine musikalische Karriere sahen
seine Eltern für ihn nicht vor. Doch der junge Mann setzte sich
durch und fing am Leipziger Konservatorium an, Musik zu studieren. Nach seinem Studium ließ sich Ehlert als Klavierlehrer
in Berlin nieder, bevor es ihn für eine Weile ins sonnige Florenz
verschlug. In Deutschland zurück fand der talentierte Künstler
schnell eine Anstellung als Musiklehrer für die Kinder des Herzogs von Meiningen.

1873 ließ Ehlert sich in Wiesbaden nieder. Hier wohnte der
Musiker in der Frankfurter Straße 10, wo er schrieb und komponierte. Sein literarisches Werk »Briefe über Musik an eine Freundin« wurde ins Englische und Französische übersetzt. Auch mit
seinen italienischen Reiseerinnerungen »Römische Tage« und
der Essaysammlung »Aus der Tonwelt« machte sich Ehlert in
der Fachwelt einen Namen. Louis Ehlert komponierte Lieder
und Chorgesänge, etliche Klavierstücke sowie mehrere Ouver-

türen. Am bekanntesten war sein »Requiem für ein Kind«, das 1879 in Wiesbaden zur Uraufführung kam und ab diesem Zeitpunkt zum festen Repertoire öffentlicher Musikveranstaltungen zählte. Bekannt war Ehlert aber vor allem als Musikkritiker. Seine Meinung war gefragt und wurde geschätzt. Während seiner Wiesbadener Schaffensperiode protegierte er Komponisten wie Johannes Brahms (1833–1897) und Robert Schumann (1810–1856) ebenso wie den damals noch unbekannten Antonin Dvorak (1841–1904). Von dem böhmischen Komponisten schwärmte Ehlert: »Eine himmlische Natürlichkeit flutet durch diese Musik, daher sie ganz populär ist.« Mit einem anderen musikalischen Zeitgenossen stand Ehlert hingegen auf Kriegsfuß: Die Musik von Richard Wagner (1813–1883) empfand der Musikkritiker als suspekt, und er ließ sich zu Spott und herablassenden Kommentaren verleiten. Sehr zum Ärger der Wiesbadener Wagner-Fans, die Ehlert in so manche Streiterei und Auseinandersetzung verwickelten. Seine freie Meinung hinderte den Musiker nicht daran, einer der populärsten Kapellmeister und Komponisten seiner Zeit zu werden. Umso überraschender kam sein Tod. Am 4. Januar 1884 brach Louis Ehlert am Dirigentenpult in Wiesbaden plötzlich tot zusammen. Mit gerade einmal 59 Jahren erlag der Musiker einem Herzinfarkt.

Brahms und seine Wiesbadener Symphonie

Lediglich einen Sommer lang arbeitete der Komponist Johannes Brahms (1833–1897) in Wiesbaden. Der Stadt hat er dafür ein einmaliges Geschenk hinterlassen: Die »Wiesbadener Symphonie« in F-Dur.

Den Wiesbadener Sommer 1883, den Brahms als »unvergleichlich« empfand, brachte dem berühmten Musiker unbeschreibliche Lebensfreude zurück. Ein Grund dafür könnte die hübsche und junge Sängerin Hermine Spies (1857–1893) gewesen sein. Doch dazu später mehr. Johannes Brahms reiste im Sommer 1883 in die Kurstadt. Seine Bleibe war ein helles, im klassizistischen Stil gehaltenes Haus in der Geisbergstaße 19 (heute Schöne Aussicht 7). Ursprünglich diente dieses Haus dem Maler Ludwig Knaus (1829–1910) als Atelier, doch als Brahms als Gast hier logierte, gehörte der schmucke Bau bereits der Leutnantswitwe Bertha von Dewitz. Es war vor allem die Lage des Hauses, die den Komponisten in seinen Bann zog. Auf halber Höhe zum Neroberg gelegen, den er oft und gern erwanderte, erfreute sich Brahms an der Stille und Abgeschiedenheit seiner Unterkunft, die ihm ein ungestörtes Arbeiten ermöglichte. Doch so ganz allein lässt es sich schlecht aushalten. In der Altistin Hermine Spies findet Brahms die ideale Sängerin für seine Alt-Rhapsodie. Der Komponist begleitet die junge Frau am Flügel und wird dabei von ihr inspiriert. Ohne es zu forcieren, ebnet Brahms der 26-jährigen Sängerin den Weg in die europäischen Konzertsäle, da er seine Wiesbadener Kompositionen ausschließlich für Hermine Spies schreibt und komponiert. Seinen Freunden oder Bekannten erzählt Brahms nichts von seiner neuen Muse. Doch dieses Verhalten war ein ganz typischer Wesenszug für den ruhigen Komponisten; auch um seine Arbeit hat der Musiker stets ein großes Geheimnis gemacht. Nicht nur die junge Sängerin, auch seine Unterkunft gefiel Brahms »reizend«, wie er einem befreundeten Arzt im Juni 1883 schrieb. Von seiner Unterkunft in der Geisbergstraße schwärmte er: »Ursprünglich als Atelier gebaut, ist es nachträglich zum hübschesten Landhaus geworden …« In besagter Unterkunft entstand die Symphonie Nr. 3 in F-Dur op. 90. Brahms selbst bezeichnete sie als »Wiesbadener Symphonie«. Die Uraufführung dieser Komposition fand am 2. Dezember 1883 in Wien statt. Nur wenige Wochen später kehrte Brahms in die Kurstadt zurück, um am 18. Januar 1884 die Wiesbadener Symphonie zu dirigieren. Der Komponist blieb noch ein paar Tage länger, denn am 21. Januar stand ein weiteres Konzert in der Kurstadt auf dem Programm: Der Wiesbadener

Verein der Künstler und Kunstfreunde lud im Casino-Saal an der Friedrichstraße zu einem Brahms-Abend ein. Der Komponist höchstpersönlich saß bei diesem Musikereignis am Flügel und präsentierte sein neues Trio Opus 87. Wie es vermuten lässt, gab auch Brahms Muse Hermine Spies an diesem Abend einige Lieder zum Besten.

Ein Wiesbadener auf Welttournee

August Wilhelmj (1845–1908) war zu seiner Zeit einer der ganz großen Violinen-Virtuosen. Wenn er zum Instrument griff, versetzte er sein Publikum in Entzücken. Selbst Richard Wagner war vom Spiel des jungen Wilhelmj begeistert. »Das ist ein genialer Mensch«, befand schon der Bayreuther Musiker, der im Elternhaus des Geigerkönigs ein- und ausging. Schließlich besaß der Vater August Wilhelm Wilhelmj bekannte Weinhandlungen in Wiesbaden und Hattenheim. Angeblich soll sogar ein Teil der Meistersinger während einer Weinprobe im Haus Wilhelmj konzipiert worden sein.

Auf der Kundenliste der Weinhandlung Wilhelmj standen Könige, Kaiser und sogar der russische Zar. Letzterer traf während eines Ausrittes in Bad Ems den virtuosen Violinisten August Wilhelmj und bat ihn: »Sagen Sie Ihrem Vater, dass ich nie einen anderen Wein trinken werde als von ihm«. Besagten Wein nannte der Zar »Mon ami Wilhelmj«.

August Wilhelmjs Geburtsstadt war Usingen. Hier kam er am 21. September 1845 zur Welt. Sein Talent hatte er zweifelsfrei in die Wiege gelegt bekommen. Der Vater war selbst ein hervorragender Hobbyviolinist und seine Mutter, Charlotte Friederieke Emilie Petry, eine bekannte Pianistin und Sängerin. 1850 zog die Familie nach Wiesbaden, wo der Vater eine Stelle als Obergerichtsanwalt antrat, bevor er sich einige Jahre später dem Rheingauer Wein zuwandte. Das Talent ihres Sohnes erkannten die Eltern schon sehr früh, und sie förderten August entsprechend. Bereits als Sechsjähriger stand er mit seiner Geige im Wiesbadener Kursaalkonzert auf der Bühne. Der kleine August musste ebenso wie seine gleichaltrigen Freunde die Schule besuchen. Doch talentierte Kinder haben Privilegien. Oskar Lehr, der letzte Hofmarschall am nassauischen Hof, schreibt in seinen Lebenserinnerungen über seinen Schulfreund: »Das Rennen auf der Schule gab August bald auf, die Quarta [heute die 7. Klasse] sah er nicht mehr, widmete sich viel mehr ganz seiner phänomenalen Kunst und entschwand mir dann für lange Jahre aus dem Gesicht.«

Seine musikalische Ausbildung begann in Wiesbaden, setzte sich aber recht schnell in Leipzig fort. Dank einer Empfehlung von Franz Liszt (1811–1886) konnte August Wilhelmj am Leipziger Konservatorium bei Ferdinand David (1810–1873) studieren. Der junge Wiesbadener und sein Spiel entwickelten sich prächtig. In Frankfurt studierte Wilhelmj Kompositionslehre, bevor er sich 1865 auf Konzertreise in die Niederlande, die Schweiz und nach London begab. Im Sturm eroberte der virtuose Geiger die europäischen Konzertbühnen.

Nach wie vor war Richard Wagner ein begeisterter Anhänger des jungen Musikers. Wagner berief Wilhelmj für seinen »Ring des Nibelungen« als ersten Geiger und Konzertmeister ans Bayreuther Festspielhaus. Wilhelmjs Aufgabe bestand unter anderem darin, ein 108 Mann starkes Orchester zusammenzustellen. Der Wiesbadener war zu diesem Zeitpunkt gerade einmal 30 Jahre alt

Geigerkönig August Wilhelmj

und die ihm übertragene Aufgabe etablierte den jungen Mann in der Musikwelt. In der Londoner Royal Albert Hall organisierte Wilhelmj mehrere Wagner-Festivals; anschließend begab er sich für vier Jahre auf Welttournee. Sein Schulfreund Oskar Lehr erinnerte sich: »Wo war er nicht überall herumgekommen? In Europa, Asien, Australien und Amerika. Er hatte vor dem Sultan in Konstantinopel und den Mormonen am Salzsee gespielt.« Die lange Konzertreise hatte sich für August Wilhelmj gelohnt. Sein Name war so bekannt, dass das internationale Publikum nur noch von dem »Geigerkönig« sprach, wenn von Wilhelmj die Rede war. Nicht nur Ruhm und Ehre, sondern auch viel Geld brachte ihm sein künstlerisches Talent ein.

Ein finanzielles Händchen besaß der Musiker leider nicht. Seine Biebricher Prachtvilla, die er für 30.000 Mark erworben hatte, musste er verkaufen. Als Professor für Violine wurde August Wilhelmj schließlich nach London an die Guildhall School of Music berufen. Seine Heimat Wiesbaden hatte der Geigerkönig jedoch stets im Blick, und er kam regelmäßig in die Kurstadt. Dann lebte der Musiker, der sich selbst als Tonkünstler bezeichnete, in seinem Elternhaus in der Adolphstraße 7. Neben dem Unterrichten blieb für Wilhelmj genügend Zeit, um sich als Herausgeber von klassischer und romantischer Violinenliteratur einen Namen zu machen. 1908 verstarb er in London. Seine letzte Ruhestätte fand er auf dem Wiesbadener Nordfriedhof. Er liegt im Familiengrab neben seinen Eltern. Sein Sarg, wie sollte es anders auch sein, hatte die Form einer Violine.

Es existiert tatsächlich heute noch ein Tondokument, auf dem das Spiel des Geigenkönigs zu hören ist. Auf einer Wachswalze konnte das von Wilhelmj gespielte Violinenstück konserviert werden. Das ganze funktioniert ähnlich wie bei einer Schallplatte, nur das hier die Rillen in die Wachswalze geritzt sind. Mit einem Phonographen, der optisch an ein Grammophon erinnert,

> können diese Walzen abgespielt werden. Über die Qualität dieses Tondokuments lässt sich streiten, aber der Meister höchstpersönlich ist darauf zu hören.

Die Meistersinger in Wiesbaden

Wiesbaden zählt zu den Städten, in denen Opern von Wagner bereits in seinen Anfangsjahren aufgeführt wurden. 1852 kam der »Tannhäuser« auf die Wiesbadener Bühne, 1853 spielte das Wiesbadener Ensemble »Lohengrin«. Wagners Meisterwerk, alle vier Teile des »Ring des Nibelungen«, standen auf dem Programm der ersten Kaiserfestspiele 1896. Der Komponist hielt sich 1862 einige Monate im Stadtteil Biebrich auf. In einer stattlichen Villa am Rhein mietet er zwei Zimmer an.

> Die Villa Wagner, wie sie heute heißt, wurde im Jahr 1862 von dem Architekten Wilhelm Frickhofer fertiggestellt. Er verkaufte das Gebäude an den türkischen Gesandten am Berliner Hof, Aristarchi Bey, und dessen Ehefrau Anna. Nach ihr war die »Villa Annika« ursprünglich benannt. Dieser Name konnte sich jedoch nicht durchsetzen, nachdem Richard Wagner in einem Teil des Gebäudes gewohnt hatte.

Richard Wagner zog es nach Wiesbaden, weil er 1861 in eine finanzielle Schieflage geraten war. Seinem Verleger Franz Schott aus Mainz hatte er vertraglich zugesichert, die Oper »Die Meistersinger von Nürnberg« zu komponieren. Dieser Verpflichtung war der Komponist ein Jahr später noch nicht nachgekommen. Daher entschloss sich Wagner, in die Nähe seines Verlegers zu ziehen. Als Standort wählte er Biebrich, wegen der hübschen Lage und der Nähe zum nassauischen Herzog. Von Herzog Adolf erhoffte sich der Komponist Unterstützung, indem er ohne Mietzahlung die Mosburg, welche sich im Biebricher Schlosspark befindet, als

Wohn- und Arbeitsstätte hätte nutzen können. Pech für Wagner, dass Herzog Adolfs Herz für die italienische Oper schlug. Die Wiesbadener Bürger schätzten den Komponisten jedoch sehr. Während seines Aufenthaltes in Biebrich war Richard Wagner fleißig bei der Arbeit. Die »Meistersinger« vollendete er jedoch nicht in der Stadt. Tatsächlich entstanden in Wiesbaden nur der erste Akt sowie das Vorspiel zum dritten Akt.

Die deutsche Nachtigall

Nicht nur Komponisten zog es nach Wiesbaden, auch hochkarätige Sängerinnen. Eine davon war Erna Sack (1898–1972). Geboren und aufgewachsen war die Sopranistin in Berlin. Ihre Gesangsausbildung absolvierte Sack in Prag und Berlin. Auch ihre ersten beruflichen Schritte unternahm die hübsche Sängerin in ihrer Heimatstadt, wo sie ab 1928 an der Staatsoper arbeitete. Dank ihrer einzigartigen Stimme machte Erna Sack Karriere als Koloratursopranistin. Sie war stimmlich in der Lage, die Tonhöhe des viergestrichenen »c«, eines extrem hohen Tones, zu erreichen. Diese musikalische Leistung erbrachten nur sehr wenige Sängerinnen. Aufgrund ihres Stimmumfangs wurde Erna Sack als »deutsche Nachtigall« tituliert. Nachdem die Sängerin ihren künstlerischen Durchbruch am Stadttheater in Bielefeld erlebt hatte, trat sie ab 1932 am Staatstheater in Wiesbaden auf. Danach war die hübsche Mezzosopranistin nicht mehr aufzuhalten. Erna Sack eroberte alle großen Opernbühnen der Welt. Sie sang in Mailand, Paris, London und Wien, war auf der Bühne der Salzburger Festspiele zu hören und ging 1936 auf ihre große und erfolgreiche Nordamerikatour. Während des Zweiten Weltkrieges nahm die Sängerin Engagements in Schweden, der Schweiz und der Türkei an. Von 1966 bis zu ihrem Tod war Wiesbaden ihre Heimat. Auf dem Südfriedhof kann das Grab der »deutschen Nachtigall« besucht werden.

Die schönen Künste

Wiesbaden besitzt nicht unbedingt den Ruf ein Zentrum der bildenden Künste zu sein. Zu Unrecht. Zahlreiche Maler und Bildhauer verschönerten die Weltkurstadt und ließen sich gleich selbst im hübschen Ambiente nieder. Mit der Ausstattung des barocken Schlosses Biebrich durch Fürst Georg August Samuel von Nassau wurden erste Künstlerpersönlichkeiten nach Wiesbaden geholt. Auf diesem Weg kam der Schweizer Maler Luca Antonio Colomba (1674–1737) in die Kurstadt. Er malte 1719 das Deckenfresko »Die Aufnahme des Aeneas in den Olymp« in der Rotunde des Schlosses. Colomba weilte jedoch nur für die Zeit seiner Auftragsarbeit in Wiesbaden. Das macht nichts, denn auch der Kurstadt ist das eine oder andere künstlerische Talent entsprungen.

Goethemaler

Er war ein Wiesbadener Junge: der Porträt-, Genre-, Landschafts- und Früchtemaler Johann Daniel Bager (1734–1815), von dem auch eine Reihe von Radierungen stammen, die seinen Namen in die Welt hinaustrugen. Die Malerei war Bager in die Wiege gelegt worden, stammte er doch aus einer weitverzweigten Wiesbadener Künstlerfamilie, aus der neben Bildhauern und Malern auch Baumeister hervorgegangen sind. Aufgewachsen ist Bager in Wiesbaden, gelebt hat er in der freien Reichsstadt Frankfurt. Hier war er als Lehrer tätig und in der Frankfurter Gesellschaft als »Goethemaler« bekannt. Auch in Goethes Autobiografie »Aus meinem Leben. Dichtung und Wahrheit« wird der Künstler erwähnt. Johann Bager hat sowohl für Goethes Vater Johann Caspar Goethe (1710–1782) sowie für den französischen Königsleutnant Graf Thoranc (1719–1794) gearbeitet. Porträts gingen dem Wiesbadener Jungen besonders gut von der Hand. Aber auch Honorare für Stillleben mit Früchten, die passend zur Inneneinrichtung einer Wohnung in Auftrag gegeben wurden, füllten die Taschen von Johann Bager. In seine Geburtsstadt Wiesbaden kehrte der Künstler nicht mehr zurück. Er starb 1815 in Frankfurt am Main.

Höchstpreise für die Genremalerei

Im Vergleich zu manch anderem Künstler konnte Ludwig Knaus von seiner Malerei hervorragend leben. Der 1829 in Wiesbaden geborene Knaus war zu Lebzeiten der berühmteste Sohn der Stadt.

Sein künstlerisches Talent blieb nicht lange unentdeckt. Knaus' Lehrern fiel die Begabung des Jungen schon sehr früh auf. 1845, mit gerade einmal 16 Jahren, verließ Knaus seine Heimatstadt, um sich an der renommierten Kunstakademie Düsseldorf, gemeinsam mit Anselm Feuerbach (1829–1880), ausbilden zu lassen. Schon sehr bald entwickelte Knaus seinen eigenen Stil und fand sich in der Genremalerei wieder. Er legte Wert auf eine möglichst hohe Authentizität in seinen Bildern und malte so virtuos, dass Anselm Feuerbach, mit dem er sich zeitweilig ein Atelier teilte, »aufhören wollte, zu malen«. Bis 1852 studierte der Wiesbadener Junge unter Wilhelm von Schadow (1788–1862) an der Akademie, doch aufgrund von Differenzen mit seinem Lehrer verließ Knaus die Hochschule, um in Düsseldorf als freier Künstler seinen Lebensunterhalt zu verdienen. Er spezialisierte sich auf die Porträt- und Genremalerei, die ihm Ruhm und hohe Auszeichnungen einbrachten. Düsseldorf war nur eine Station in diesem bewegten Künstlerleben. Knaus reiste in die ländlichen Regionen von Hessen und dem Schwarzwald, um Landschaften und Menschen auf seinem Skizzenblock zu verewigen. In Frankreich, und hier vor allem in der Kulturhauptstadt Paris, wurde Knaus mit

Preisen überschüttet. Auf der Weltausstellung im November 1855 in Paris präsentierte er verschiedene Gemälde. Für sein Bild »Zigeuner im Wald« erhielt der Künstler eine Medaille 1. Klasse. Zu diesem Zeitpunkt befand sich der Künstler auf dem Höhepunkt seiner Karriere.

Genrebild »Die kleine Zeichnerin« von Ludwig Knaus

Mit seinen Genrebildern wurde Knaus zu einem gefragten Künstler und konnte Höchstpreise verlangen. Er pendelte zwischen Paris, Berlin, Düsseldorf und Wiesbaden. In diesen Städten fand der Maler sein soziales Umfeld und seine Käufer. Obwohl ihm Herzog Adolf von Nassau 1856 den Professorentitel verlieh, erhielt der Künstler aus dem Wiesbadener Herrscherhaus nur einen bescheidenen Auftrag. Das hielt Ludwig Knaus nicht davon ab, regelmäßig in seiner Heimatstadt vorbeizuschauen. 1860 sah es so aus, als würde der Maler endgültig seinen Lebensmittelpunkt nach Wiesbaden verlegen, da er sich ein Atelier auf dem Geisberg bauen ließ. Doch den ruhelosen Künstler hielt es nicht lange in der Kurstadt. Im Herbst 1861 siedelte Knaus nach Berlin über, bevor er 1867 für einige Jahre in Düsseldorf lebte. Als der

Maler 1874 zum königlich-preußischen Professor ernannt und an die Akademie der schönen Künste berufen wurde, nahm er in der Reichshauptstadt seinen ständigen Wohnsitz. In Berlin bekam Knaus die Aufgabe übertragen, ein Meisteratelier zu leiten. Einige Jahre ging der Künstler in dieser Tätigkeit auf, doch dann kam die Muse vorbei und küsste ihn: Knaus schmiss seinen festen Job hin, um sich wieder als freier Maler sein Geld zu verdienen. Als Porträtist war Knaus mittlerweile so begehrt, dass ihn die Nationalgalerie Berlin beauftragte, Bildnisse von bekannten Persönlichkeiten wie des Physikers Hermann von Helmholtz (1821–1894) zu malen. In Berlin wurde der Künstler sesshaft. Zahlreiche Reisen führten ihn zwar immer noch in die ländliche Idylle oder in das pulsierende Paris, aber in Berlin lag sein Lebensmittelpunkt. Als Wiesbadens bekanntester Sohn am 7. Dezember 1910 in Berlin starb, fand er seine letzte Ruhestätte auf dem dörflichen Friedhof in Berlin-Dahlem.

Bildhauerei made in Wiesbaden

Karl Hoffmann (1816–1872) blieb seiner Heimat Wiesbaden das ganze Leben lang treu. Er erblickte das Licht der Welt in der Kurstadt und schloss hier auch für immer seine Augen. Dazwischen lag ein arbeitsames Leben als Bildhauer. Handwerkliches Geschick lag in der Familie; Hoffmanns Vater verdiente sein Geld als Glaser. Im Januar 1836 verlässt Hoffmann Wiesbaden. Das Studium der Bildhauerei ruft den 21-Jährigen nach München an die Akademie der Bildenden Künste. München aber war nur eine Station auf dem Weg zum Künstlerdasein. Als Stipendiat des Nassauischen Staates setzte Karl Hoffmann seine Ausbildung in Rom fort. Hier lernte er die Kniffe der Bildhauerei bei keinem Geringerem als dem berühmten dänischen Künstler Bertel Thorvaldsen (1770–1844) kennen.

Nicht nur beruflich, sondern auch Privat lief es gut für den

jungen Wiesbadener. 1837 heiratete er Karoline von Rüna-
gel, eine streng gläubige Katholikin, und 1844 konvertierte er
in Rom selbst zum katholischen Glauben. Obwohl Hoffmann
sich häufig in Rom aufhielt, blieb Wiesbaden das Zuhause des
Künstlers. Hier erhielt er 1842 einen bedeutenden Auftrag: Für
den Wiesbadener Kochbrunnen schuf er aus Carrara-Marmor
eine Figurengruppe. Im Zentrum dieser Gruppe steht Hygieia,
die Göttin der Gesundheit, die auch Schutzpatronin der Apotheker ist. Erst 1850 wurde das Denkmal eingeweiht, das sich
heute in den Kurhaus-Kolonnaden befindet. Weitere Arbeiten
des Bildhauers finden sich in der Bonifatiuskirche, der katholischen Hauptkirche Wiesbadens. In den Arkadenbögen des
Chorumganges stehen die Statuen des heiligen Franziskus von
Assisi und der heiligen Theresa von Ávila, die Hoffmanns Kreativität entsprungen sind. Da der Wiesbadener Bildhauer in Köln
sowie in den umliegenden Gemeinden Aufträge für verschiedene Kirchen erhielt, betrieb Hoffmann auch eine Zeit lang ein
Atelier in der Domstadt.

Auch in Italien, dem Land seiner Lehrjahre, war Hoffmann
in den folgenden Jahren immer wieder tätig. In der Kirche San
Bernardo alle Terme in Rom errichtete er für seinen Freund und
Förderer Friedrich Overbeck (1789–1869) ein Grabdenkmal, welches den Maler in seinem letzten Schlaf zeigt.

> Friedrich Overbeck war der Firmpate von Karl Hoffmann. Nach
> dem Tod von Overbecks Frau 1853 pflegte und kümmerte sich
> Karoline Hoffmann, die Gemahlin von Karl Hoffmann, um den in
> Rom lebenden Maler. Overbeck entschloss sich daraufhin, Karo-
> line zu adoptieren und als Erbin einzusetzen.

In Stein meißeln statt Eisen gießen

Ein Besuch in der russisch-orthodoxen Kirche auf dem Neroberg führt unweigerlich zum Bildhauer Emil Alexander Hopf-

garten (1821–1856). Der in Berlin geborene Künstler ist Wiesbadens bekanntester Bildhauer des 19. Jahrhunderts. Seine ersten Gehversuche im kreativen Bereich unternahm Hopfgarten in der Werkstatt seines Vaters, der die Königliche Eisengießerei Berlin betrieb. Emil Hopfgarten sollte die Werkstatt seines Vaters eines Tages übernehmen, doch der junge Mann winkte ab und widmete sich fortan dem Studium an der Berliner Königlichen Akademie der Künste. »Die Bildhauerei und sonst nichts« sollte es für Emil Hopfgarten sein.

Nach seiner Berliner Studienzeit zog es den jungen Künstler 1840 nach Rom zu seinem Onkel, der in der italienischen Hauptstadt ein Atelier betrieb. Nicht nur Rom, sondern auch Neapel und Florenz waren Stationen von Hopfgartens Studienreise. Erst nach vier Jahren kehrte er in seine Heimat Berlin zurück. König Friedrich Wilhelm IV. von Preußen (1795–1861) wurde auf den begabten Bildhauer aufmerksam und begann, ihn nach Kräften zu fördern. Hopfgarten erhielt dadurch zahlreiche Aufträge des preußischen Hofes für Bildnisse und Büsten.

Als Herzog Adolf von Nassau (1817–1905) an den preußischen Hof reiste, konnte er die Arbeiten von Hopfgarten persönlich in Augenschein nehmen; er war begeistert. Bald darauf lernte der Herzog den jungen Bildhauer kennen und bot ihm an, im damals noch selbstständigen Biebrich für ihn zu arbeiten. 1848 kam Hopfgarten an den Hof des Herzogs von Nassau. In der Mosburg im Biebricher Schlosspark richtete sich der Künstler ein Atelier ein. Dort, in der Stille und Abgeschiedenheit des Schlossparks, hämmerte und meißelte der Bildhauer fortan an seinen Meisterwerken, die unter seinen geschickten Händen entstanden. Zu Beginn seiner Wiesbadener Schaffensperiode fertigte der Künstler Porträtbüsten des Herzogs und seiner früh verstorbenen jungen Frau Elisabeth Romanowa (1826–1845) an.

Nach dem Tod der jungen Herzogin übertrug Adolf dem Bildhauer die Aufgabe, ein Grabmal für die gebürtige russische Großfürstin zu schaffen. Hopfgarten reiste dazu mehrfach nach

Italien, um in den Marmorbrüchen von Carrara das geeignete Material selbst auszusuchen. Der tonnenschwere Marmorblock, für den er sich schließlich entschied, wurde zunächst nach Rotterdam geschafft und dann auf dem Rhein per Schiff bis nach Biebrich transportiert. In seinem Atelier, der Mosburg, die er scherzhaft »meinen Marmorbruch« nannte, ging der Bildhauer sofort an die Arbeit. In der Abgeschiedenheit des Schlossparks entstand ein anmutiges Grabmal. Die grazile Gestalt der Elisabeth ruht auf ihrem Sarkophag. Es wirkt auf den Betrachter, als würde die junge Herzogin schlafen. Auf dem Sockel sind die zwölf heiligen Apostel abgebildet, während in den ausgewölbten Ecken vier weibliche Gestalten stehen, die Glaube, Hoffnung, Liebe und Unsterblichkeit symbolisieren. Der russische Zar Nikolaus I. (1796–1855) zeigte sich so ergriffen vom Grabmal seiner Nichte, dass er Hopfgarten spontan mit dem kaiserlichen Stanislausorden auszeichnete. Spätestens seit dieser Auszeichnung konnte sich Emil Hopfgarten vor Aufträgen kaum noch retten. Der herzogliche Bildhauer schuf in den folgenden Jahren Büsten und Statuen in großer Zahl. Seine zweite große Arbeit in Wiesbaden war die Christus- und Evangelistengruppe in der evangelischen Marktkirche. Die Aufstellung dieses Werkes an seinem Bestimmungsort sollte der Künstler nicht mehr erleben. Emil Hopfgarten war seit Juli 1856 schwer krank. Ein Lungenleiden hatte ihn völlig aus der Bahn geworfen. Selbst Kuraufenthalte konnten seinen Zustand nicht bessern. Am 13. September 1856 starb der Bildhauer im Alter von nur 35 Jahren.

Nach dem Tod des Bildhauers konnten Hopfgartens Arbeiten noch 18 Jahre lang im Saal der Mosburg besichtigt werden. Dann fanden sie eine neue Heimat in einem Nebenbau des königlichen Regierungsgebäudes an der Wiesbadener Luisenstraße. An einem Winterabend im Jahr 1874 wurde der gesamte Nachlass des großen Bildhauers auf sechs mit schwarzen Tüchern

verhängte Wagen geladen und im Fackelschein von der Mosburg
nach Wiesbaden überführt. Die Arbeiten wurden später in alle
Winde verstreut. Wohin ist fraglich. Bisher sind die Werke nicht
wieder aufgetaucht.

Die Mosburg im Biebricher Schlosspark beherbergte Emil Hopfgartens
Atelier.

Vom Soldaten zum Künstler

An Alexej von Jawlensky (1864–1941) führt in Wiesbaden kein
Weg vorbei. 20 Jahre hat der Künstler in der Kurstadt gelebt und
seinen letzten Atemzug in Wiesbadener Luft gehaucht. Es war
»ein großer Erfolg«, der Alexej von Jawlensky 1921 ausgerechnet
in die Kurstadt lockte. Der russische Künstler konnte bei seiner
Ausstellung im Nassauischen Kunstverein gut 20 Bilder an den
Mann bringen. Galka Scheyer (1889–1945), seine Kunsthändle-
rin, hielt sich 1921 monatelang in Wiesbaden auf, um seine Teil-
nahme an einer Gruppenausstellung im Nassauischen Kunstverein vorzubereiten. Jawlensky besaß zu diesem Zeitpunkt in
Deutschland immer noch viele Anhänger, obwohl er im Ersten Weltkrieg das Land verlassen musste. In Wiesbaden traf der

Maler »sehr nette Menschen«, wie er später in seinen Erinnerungen schrieb. Daher zog er kurz entschlossen um und blieb der Kurstadt treu bis in den Tod.

Alexej von Jawlensky hat erst spät zu einem künstlerischen Leben gefunden. Am 13. März 1864 kommt er in Torschok als fünftes Kind einer Familie, die dem russischen Erbadel angehörte, auf die Welt. Als sein Vater 1882 verstarb, brachte das die Familie in finanzielle Schwierigkeiten und Alexej konnte nicht, wie geplant, die Kunstschule besuchen. Stattdessen stand jetzt eine militärische Karriere auf Jawlenskys Lebensplan. Doch die Liebe zur Malerei ließ den jungen Mann nicht in Ruhe. Da in Moskau Offizieren der Besuch einer Kunstakademie verboten war, ließ sich Jawlensky nach St. Petersburg versetzen, wo er neben seinem Militärdienst die Kunstakademie besuchte. 1891 befreundete er sich mit der Malerin Marianne von Werefkin (1860–1938), die als Vertreterin des Realismus bekannt wurde.

Mit von Werefkin unternahm Jawlensky 1896 eine mehrmonatige Reise durch Deutschland, Belgien und Holland. Sie besuchten zahlreiche Galerien und Museen in Berlin, Dresden, Brüssel, Antwerpen und reisten über Paris und London zurück. Jawlensky verließ danach die Armee und seine russische Heimat, um sich in München niederzulassen. Aus seiner Zeit beim Militär erhielt er eine regelmäßige Pension, die ihm eine Karriere als Künstler ermöglichte. In München lernte er Wassily Kandinsky kennen, und er war angetan von der Kunst der »Blauen Reiter«. Farbige Landschaften und Porträts im Stil des Expressionismus entstehen fortan auf Jawlenskys Leinwänden. Der russische Maler unternimmt mehrere Reisen nach Frankreich und kann 1905 durch Vermittlung von Sergej Djagilev (1872–1929) im Salon d'automne zehn Gemälde zeigen. Der Ausbruch des Ersten Weltkrieges beendet die Münchener Zeit Jawlenskys. Er gilt jetzt als feindlicher Ausländer und sucht Zuflucht in der Schweiz. Mit seiner Künstlerfreundin Marianne von Werefkin siedelt er nach St. Prex am Genfer See um. Obwohl er 1920 wieder nach Deutschland zurückkehren wollte, lehnte er eine Berufung als Professor an das Bauhaus nach Dessau ab, weil er Kunst für nicht lehrbar hielt.

An seinem letzten Wohnort Wiesbaden galt der Expressionist Jawlensky als »Schwerenöter«. 1922 trennte er sich von seiner langjährigen Lebensgefährtin von Werefkin, um ihr Dienstmädchen Helene Nesnakomoff zu heiraten. Seine Hoffnung, in der Kurstadt genug Bilder verkaufen zu können, um sorgenfrei zu leben, erfüllte sich nicht. Einem regelmäßigen Bilder-Absatz standen die Leidenschaft des Künstlers und sein Erfolg bei der Wiesbadener Damenwelt im Weg. Nachdem Jawlensky just die Ehefrau des reichsten und sensibelsten Sammlers am Ort erobert hatte, schwand dem dann doch die Lust, den Nebenbuhler weiter mit seinem Geld zu füttern. Diese Liaison verlief letztendlich im Sand. Dafür stand bereits eine andere Frau bei Fuß, die sich um den russischen Maler kümmerte: Lisa Kümmel (1897–1944). Die Malerin und Kunsthandwerkerin mit der rot gelockten Mähne war ihm 1927 als Dekorateurin eines Wiesbadener Maskenballs vorgestellt worden. Die junge Frau, von Freunden »Kümmeline« genannt, war so eine Art Privatsekretärin für den Künstler. Sie brachte Ordnung in Jawlenskys Bilderbestände, zeichnete seine Lebenserinnerungen nach Diktat auf und pflegte den zunehmend hilflosen Künstler.

Eine andere Frau, die Jawlensky ein Leben lang begleitete und sehr am Verkauf seiner Bilder interessiert war, hieß Galka Scheyer. Sie war Malerin, Kunstsammlerin und -händlerin. 1916 lernte Jawlensky die 25 Jahre jüngere Frau in Lausanne kennen. Der Maler schreibt in seinen Erinnerungen: »Sie kam aus Brüssel und war Malerin. In St. Prex sah sie mein Bild ›Der Buckel‹ und meine Variationen und war so begeistert, daß sie selbst nicht mehr malen wollte, sondern sich nur noch meiner Kunst widmen. Sie sagte: Wozu will ich noch malen, da ich doch weiß, daß ich nicht so gute Kunst machen kann wie Sie. Es ist besser, ich widme mich Ihrer Kunst und werde sie anderen Menschen erklären.« Mit dieser Aufgabe verdiente die junge Frau in Zukunft ihr Geld. Sie vereinbarte vertraglich mit Jawlensky, dass 45 Prozent seiner Einnahmen aus Bilderverkäufen, die Scheyer tätigte, an sie als Provision gingen.

> Galka Scheyer hieß eigentlich Emilie Esther Scheyer. Ihren Kosenamen »Galka« – das russische Wort für Dohle – verdankte sie Alexej von Jawlensky, der sie wegen ihrer schwarzen Haare so nannte. Als Scheyer 1931 die amerikanische Staatsbürgerschaft erhielt, nahm sie Galka als rechtsgültigen Vornamen an.

1924 kam Galka Scheyer mit Jawlensky, Wassily Kandinsky (1866–1944), Paul Klee (1879–1940) und Lyonel Feininger (1871–1956) überein, einen Verbund zu bilden, um deren Werke in den USA unter dem Begriff »Die Blaue Vier« bekannt zu machen und zu verkaufen. Die erste Ausstellung dieser Vereinigung fand 1925 in San Francisco statt.

Galka Scheyer und »Die Blaue Vier« (v.l.n.r.): Lyonel Feininger, Wassily Kandinsky, Paul Klee und Alexej Jawlensky, Zeitungsausschnitt aus dem San Francisco Examiner vom 1. November 1925

In den folgenden Jahren waren jedoch Jawlenskys Verkaufserfolge wechselhaft. Eine schwere Arthritis im Jahr 1929 hatte zur Folge, dass Jawlensky nur unter Schwierigkeiten malen konnte,

weil er unter fortschreitenden Lähmungen litt. Damit der Geld-
fluss aber nicht versiegte, wurde die Jawlensky-Gesellschaft ins
Leben gerufen, deren Mitglieder gegen eine jährliche Zahlung
Anspruch auf zukünftige Bilder des Künstlers hatten. Nach der
Machtübernahme der Nationalsozialisten erhielt Jawlensky 1933
Ausstellungsverbot in Deutschland. Er schickte vermehrt Bilder zu Ausstellungen in die USA. Sein Gesundheitszustand aber
verschlechterte sich, und die zunehmende Lähmung von Hand-
und Kniegelenken zwangen ihn, in sehr kleinen Bildformaten
zu malen. Jawlensky wurde aufgrund seiner Mitgliedschaft in
der deutschen Künstlervereinigung deutscher Staatsbürger. Das
hinderte die Nationalsozialisten 1937 aber nicht daran, 65 Werke
des Malers zu beschlagnahmen und als »entartete Kunst« einzu-
stufen. Der Gesundheitszustand des Künstlers verschlechterte
sich zunehmend. Jawlensky war nicht mehr in der Lage, selbst-
ständig zu gehen und verließ kaum noch sein Atelier. Aufgrund
der vollständigen Lähmung seines Körpers musste Jawlensky
1938 die Malerei aufgeben. Am 15. März 1941 starb Alexej von
Jawlensky in Wiesbaden.

Kunst in jeder Form

30 Jahre lang malte, designte und konstruierte Hans Christiansen (1866–1945) in Wiesbaden. Obwohl er ein bekannter Maler
der Klassischen Moderne war, sind sein Name sowie seine umfangreichen Werke nur wenigen Menschen ein Begriff. Christiansen hatte sich bereits einen ausgezeichneten Ruf als Künstler
erarbeitet, als er 1914 nach Wiesbaden zog. Die Kurstadt war
seine letzte Station in einem bewegten Leben. Am 6. März 1866
kam Hans Christiansen in Flensburg zur Welt. Hier absolvierte
der junge Mann eine Ausbildung zum Dekorationsmaler. Doch
seine Heimatstadt wird ihm schnell zu klein. Die Großstadt ruft,
und Hamburg wird sein neues Zuhause. Christiansens Ehrgeiz

lässt ihn nach München weiterziehen. Hier beginnt er 1887 ein Studium an der Königlichen Kunstgewerbeschule. Nur zwei Jahre später kehrt das Nordlicht München den Rücken und geht zurück nach Hamburg, um als selbstständiger Dekorationsmaler sein Geld zu verdienen. Wand- und Deckenmalereien sind nun sein tägliches Brot. Die Gestaltung von Plakaten und Postkarten sowie erste Versuche künstlerischer Glasbearbeitungen lassen aber schon ahnen, dass in Christiansen noch weit mehr steckt. Paris ist das Ziel seiner Träume. In der Weltkunststadt lebt der norddeutsche Junge dann auch zwischen 1896 und 1899: In Paris studierte er an der Académie Julian. In Paris lernte er auch die Liebe seines Lebens kennen: Claire Oppenheimer wurde die Frau an seiner Seite. Neben dem Studium erhielt Christiansen bereits zahlreiche Aufträge aus dem deutschen Kaiserreich. Er gestaltete Plakate, Bücher und Zeitschriften, probierte sich an Kunstverglasungen und hatte auch keine Scheu, sich mit Materialien wie Leder künstlerisch auseinanderzusetzen. Die große Bandbreite half Christiansen dabei, seine Fertigkeiten auf vielen Gebieten zu verfeinern. Seine Arbeiten und sein Ruf eilten ihm voraus. Großherzog Ernst Ludwig von Hessen und bei Rhein (1868–1937) lud ihn ein, nach Darmstadt zu kommen und dort Mitglied der Künstlerkolonie zu werden. Christiansen willigte ein. 1899 zog er in seine Villa »In Rosen« auf der Mathildenhöhe. Ebenso wie die anderen Gebäude der Künstlerkolonie wirkte auch Christiansens Haus wie eine einzige Werkschau. Die Inneneinrichtung, Geschirr, Möbel und Fenster entwarf und realisierte der Künstler eigenhändig. Seine künstlerischen Fertigkeiten beschrieb Christiansen so: »Ich fasse meine Tätigkeit als Künstler so allgemein als möglich auf: Ich will ein Porträt malen, aber auch ein Möbel entwerfen können; ich zeichne Karikaturen, aber auch Tapeten, Plakate, ich entwerfe Glasfenster, aber auch gelegentlich einen Wandschirm für Ledertechnik. Meine Devise heißt: ›Darstellung von Charakteristik in Form und Farbe dem Zweck und der Technik angepasst.‹«

1911 zog es den Maler und seine Frau nach Wiesbaden. Die Stadt, in der Geld und Reichtum lebten und somit auch potenzielle Auftraggeber. Das Interieur für sein neues Zuhause in der Kurstadt entstand auf Christiansens Zeichenbrett. Für den Salon seiner Gattin entwarf er auffällige Möbel in goldglänzendem Hoch-Empire. In Wiesbaden befasste er sich nicht nur mit der Malerei, sondern widmete sich auch dem Schreiben. 1933 erhielt Christiansens künstlerische Kreativität einen Dämpfer – weil er sich nicht von seiner jüdischen Frau trennen wollte. »Geschieden wird nicht. Heil Hitler!« Mit diesen Worten setzte er kurz und bündig die Reichskulturkammer von seiner Entscheidung in Kenntnis. Das Mal- und Publikationsverbot war nur eine Frage der Zeit. Immerhin aber standen dem Paar einflussreiche Freunde zur Seite. Claire Christiansen war eine von nur sieben Jüdinnen, die in Wiesbaden den Holocaust überlebten. Die Erinnerung an die großen Zeiten ihres Mannes überlebten den Krieg nicht. Die Villa »In Rosen«, welche die künstlerische Handschrift ihres Mannes trug, wurde 1944 bei einem Angriff britischer Bomber auf Darmstadt zerstört. Obwohl Christiansen 1941 an seinem 75. Geburtstag in einem Brief hofft: »Nun, meine Zeit wird schon noch kommen«, stirbt er am 5. Januar 1945 in Wiesbaden, ohne noch einmal öffentlich seine künstlerische Vielfalt präsentiert haben zu können.

Soziales Engagement

Wiesbaden war nicht immer eine Stadt der Reichen und Mächtigen gewesen. Über viele Jahrhunderte hinweg mussten die Einwohner schwer schuften, um sich und ihre Liebsten über die Runden zu bringen. Wenn nicht gerade Krieg oder Missernten im Land herrschten, sorgten karitative Einrichtungen dafür, dass möglichst wenig Menschen in Wiesbaden Hunger litten. Seit dem Mittelalter gab es soziale Anlaufstellen und begüterte Bürger in der Stadt, die sich um die Armen, Alten und Kranken kümmerten.

Hospital zum Heiligen Geist

Graf Gerlach I. von Nassau-Idstein (ca. 1283–1361) und seinen Söhnen hat Wiesbaden das erste karikative Krankenhaus zu verdanken, welches Mitte des 14. Jahrhunderts seinen Anfang nahm. Das Hospital befand sich damals am Kochbrunnen und war über viele Jahre hinweg ein Rettungsanker für die armen und kranken Bewohner der Stadt. Dabei erfüllte das Heilig-Geist-Hospital eine ganze Reihe von Aufgaben. Die Krankenpflege war nur ein kleiner Teil davon. Hauptsächlich kümmerte sich das Hospital um die Armenpflege und die medizinische Betreuung von Personen mit unheilbaren oder ansteckenden Krankheiten. Zudem wurden in dieser sozialen Einrichtung psychisch erkrankte Menschen untergebracht. Wer über genügend Kapital oder einen Leibrentenvertrag verfügte, konnte sich auf seine alten Tage im Hospital einkaufen. Die Einrichtung war Krankenhaus, Irrenanstalt und Seniorenresidenz in einem.

An das Hospitalgebäude grenzte ein Badehaus, das an die

Kochbrunnenquellen angeschlossen war. Zu diesem Armenbad kam 1584 das Aussätzigenbad hinzu, nachdem das Hospital 1573 ein Sondersiechenhaus für Aussätzige gebaut hatte.

Das Hospital war nicht nur auf Spendengelder angewiesen, sondern verfügte über eigene Einnahmen. Durch die Verpachtung einer Mühle floss etwas Geld in die Kasse der Krankenanstalt. Die Einnahmen verwendete der Hospitalverwalter, um die Bewohner zu versorgen. Nachdem der Dreißigjährige Krieg über Wiesbaden hergefallen war, stand es auch schlecht um das Hospital. Wenn der Verwalter nicht wusste, wie er die vielen hungrigen Mäuler stopfen sollte, dann blieb ihm nichts anderes übrig, als die Bewohner zum Betteln auf die Straße zu schicken.

Aufnahme in das Hospital fand nicht jede dahergelaufene Person. Die Hospitalverwaltung prüfte ganz genau jeden einzelnen Fall. Manche Bewohner durften nur die Badeanstalt und die Herberge benutzen, andere erhielten auch Verköstigung. Um die Versorgung der Kranken kümmerte sich ein Amtsarzt.

Nicht nur die Bewohner hatten schon bessere Zeiten erlebt, auch das Gebäude des Heilig-Geist-Hospitals ließ stark zu wünschen übrig. Schon 1555 war der Ursprungsbau einsturzgefährdet, er wurde aber nur notdürftig renoviert. Die mangelhafte Ausbesserung der Schäden hatte zur Folge, dass in der zweiten Hälfte des 17. Jahrhunderts die Einrichtung fast nicht mehr bewohnbar war. Ein neues Gebäude musste her, und so wurde 1682 ein Neubau errichtet. Der hielt rund 100 Jahre stand, bevor auch er einzustürzen drohte. Der Fürst von Oranien, der Kurfürst von Mainz und die Stadt Frankfurt steuerten Geld bei, damit das Hospital einen größeren Neubau erhielt. Die Spenden waren jedoch an Bedingungen geknüpft, wie die Aufnahme von »Frankfurter Stadtarmen«, die unentgeltlich zu beherbergen waren.

1787 übernahm das Oberamt Wiesbaden die Einrichtung für Armenpflege. Das Heilig-Geist-Hospital finanzierte sich aus Spendengeldern und einem jährlichen Zuschuss aus der Kasse der fürstlichen Finanzverwaltung. 1824 kam es zu einer Erweiterung des Zivilhospitals, wie es ab sofort hieß. Neben der Erhöhung der Bettenzahl auf 200 vergrößerte sich das Krankenhaus auch personell, indem ab diesem Zeitpunkt vier Krankenschwestern für die Pflege zuständig waren. 1865 bestand das Hospital aus Wohnhaus, Hofgebäude, Badehaus, Flügel- und Verbindungsbau, entsprach aber nicht den zeitgemäßen Ansprüchen an eine öffentliche Krankenanstalt. 1879 fiel das Hospital der Abrisskugel zum Opfer, nachdem in der Schwalbacher Straße ein neues Krankenhaus den Betrieb aufgenommen hatte.

Ein Waisenhaus erhielt Wiesbaden 1723. Knapp 40 Kinder fanden in dem Gebäude, welches sich am Neutor befand, ein neues zu Hause. Dank der finanziellen Unterstützung durch Fürst Georg August Samuel konnte das Waisenhaus realisiert werden.

Bürgerliches Engagement

Am öffentlichen Leben interessierten Frauen bot sich im 19. Jahrhundert meistens nur die Möglichkeit des sozialen Engagements. Daher gründeten 1817 die Ehefrau des nassauischen Staatsministers, Caroline von Marschall, die Witwe des Rechnungskammerpräsidenten, Marianne von Schütz, Amalie von Brodreich und Marie Freinßheim, Witwe eines Wiesbadener Badewirtes, einen Frauenverein. Ziel des Vereins war es, die bedürftigen Einwohner in der Stadt zu unterstützen. Nachdem ab 1830 eine zunehmend verarmte Landbevölkerung in die Landeshauptstadt gezogen war, gründeten die Frauen nicht nur eine Suppenküche, sondern eröffneten darüber hinaus ein Geschäft in der Marktstraße. Eine Art Secondhandladen, in dem auch selbst Gefertigtes über den Ladentisch ging. In dieser Einrichtung waren Bedürftige angestellt, die für ihre Arbeit einen kleinen Lohn erhielten.

Eine andere Form der sozialen Unterstützung fand sich im

»Verein zum Schutz deutscher Auswanderer in Texas«. Viele Wiesbadener waren reiche Leute. Doch im Herzogtum Nassau herrschte in manchen Ecken große Armut. So war es keine Seltenheit, dass aus dem Westerwald oder dem hinteren Rheingau zum Teil ganze Dörfer auswanderten. Herzog Adolf war Schirmherr des Vereins und gründete ihn 1842 auf Schloss Biebrich mit dem Ziel, »… die Auswanderer auf der weiten Reise zu unterstützen und nach Kräften dafür zu wirken, dass ihnen jenseits des Meeres eine neue Heimat gesichert werde«.

Ein Herz für das Volk

Ein Krankenhaus in der hessischen Landeshauptstadt nennt sich Asklepios Paulinen Klinik Wiesbaden. Wer mag diese Pauline wohl gewesen sein, dass eine Klinik nach ihr benannt wurde? Für die Beantwortung der Frage ist eine Reise ins 19. Jahrhundert nötig. Damals lebte und wirkte Pauline Friederike Marie von Württemberg (1810–1856) im schönen Wiesbaden. Sie war die zweite Frau von Herzog Wilhelm I. von Nassau (1792–1839). Der werte Herr Gemahl war 18 Jahre älter als die Braut und brachte acht Kinder mit in die Ehe. Eine Liebesheirat war es gewiss nicht. Pauline war unglücklich in ihrer Beziehung zu dem älteren Wilhelm. Der Herzog soll seine Familie regelrecht terrorisiert haben. Von Jugend an war Pauline schwerhörig, und mehr als einmal machte sich der Herzog über die Schwerhörigkeit seiner Frau lustig. Ihre Memoiren veröffentlichte sie später unter dem Titel »Meine Leidensgeschichte«.

Lange währten ihre Leiden jedoch nicht, denn zehn Jahre nach der Hochzeit starb der Herzog. Die 29-jährige Pauline nahm sich der Kinder ihres verstorbenen Mannes an und sorgte dafür, dass sie eine gute Ausbildung erhielten. Nicht nur für ihre Stiefkinder, für alle Kinder im Herzogtum Nassau fühlte sich die junge Witwe verantwortlich. Daher gründete sie 1857 eine Mädchenherberge, die Nassauische Diakonissen-Mutterhaus Paulinenstiftung. Aus dieser gingen 1896 die beiden Krankenhäuser hervor, die später in Paulinenstift Wiesbaden, heute Asklepios Paulinen Klinik Wiesbaden, und Paulinenstift Nastätten umbenannt wurden. Eine weitere soziale Einrichtung, die aufgrund von Paulines sozialer Ader entstand, war das »Rettungshaus für die Erziehung verwahrloster Kinder«.

In der Bevölkerung galt die Herzogin als beliebte und mildtätige Person. In internen Kreisen wurde hinter vorgehaltener Hand von einem schwierigen Charakter der Herzogin gesprochen. Eine Zeitzeugin beschreibt sie: »Ihre Durchlaucht ist und bleibt durchaus indifferent gegen jede Rücksicht, die ihrer eigenen Ansicht und Einsicht nicht zusagt.«

In den 17 Jahren ihrer Witwenschaft entfaltete Pauline ihre eigene Hofhaltung im Palais an der Schönen Aussicht, bald nach seiner Bewohnerin »Paulinenschlösschen« genannt, und führte ein reiches gesellschaftliches und kulturelles Leben. Das Paulinenschlösschen wurde in den Jahren von 1841 bis 1843 in Wiesbaden als Witwensitz erbaut. Es ist heute leider nicht mehr erhalten, da es 1945 bei einem Bombenangriff zerstört wurde.

Das Paulinenschlösschen im Jahr 1918

Noch recht jung, im Alter von 46 Jahren, starb Herzogin Pauline 1856 an den Folgen einer Lungentuberkulose.

Wiesbadener Brotkrawalle

Die Stadt hatte Wohltäterinnen dringend nötig, wie eine Geschichte aus dem Jahr 1873 zeigt. Obwohl viel Reichtum in Wiesbaden präsent war, lebte auch eine große Zahl armer Menschen in der Stadt. Der Unmut der ärmeren Bevölkerung wuchs, als zum dritten Mal innerhalb kürzester Zeit die Preise für die Grundnahrungsmittel Brot und Bier erhöht werden sollten. Im benachbarten Frankfurt war es bereits zu blutigen Bierkrawallen gekommen, nachdem die Preise für dieses Grundnahrungsmittel drastisch gestiegen waren. Auch Wiesbadener Wirte und Bäcker meldeten sich bei der Polizei, weil sie Drohbriefe erhalten hatten. Die Lage in der Stadt war angespannt. Als die Ordnungshüter schließlich einige Tischlergesellen wegen Trunkenheit aus einer Gaststätte fortbringen wollten, eskalierte die Situation. Eine spontane Demonstration von Tagelöhnern, Arbeitern und Handwerkern zog durch die Langgasse und Marktstraße. Empörte Rufe nach billigerem Brot und Bier wurden immer lauter. Innerhalb kurzer Zeit zogen bereits 1000 Demonstranten durch die Stadt. Darunter auch Frauen mit ihren Kindern und mittendrin eine hilflose Polizei. Diese forderte Unterstützung durch Soldaten an, die auch schnell zur Stelle waren und den Aufstand niederschlugen. Obwohl das 11. Artillerie-Regiment mit gezogenen Säbeln durch die Menschenmasse ritt, wurde niemand getötet. Verletzte gab es schon ein paar, und 25 Demonstranten wanderten in den Knast. Gelohnt hat sich der Aufstand nicht, denn nur einen Monat später stiegen die Brotpreise erneut an.

Die arme Bevölkerung benötigte Wohnungen. Aus diesem Grund beschloss die Stadt 1808, die Nerostraße weiter auszubauen und preiswerten Wohnraum für Bürger der unteren Einkommensschichten zu schaffen. Jenseits des geschniegelten Kurviertels, damit ja kein illustrer Gast einen Blick auf das Elendsquartier werfen musste, entstanden einstöckige und schmucklose Gebäude. Die zwischen 1808 und 1811 entstandenen Häuser wurden im Volksmund die »Katzenlöcher« genannt. Wegen mangelhafter Bauausführung und weil landwirtschaftliche Kleinbetriebe abwanderten, drohte das Bergkirchenviertel zum Armutsquartier zu verfallen. Nachdem ein herzoglicher Beschluss vorlag, konnte die Stadt in eine solidere Bauweise und Gestaltung des Bergkirchenviertels investieren.

Zimmermann'sche Stiftung

Mitte des 19. Jahrhunderts gab es bereits die eine oder andere soziale Einrichtung für bedürftige und ältere Menschen in Wiesbaden. Doch Unterstützung konnte dieser Personenkreis nicht genug erhalten. Wer arm und krank war, führte ein beschwerliches Leben in Wiesbaden. Die Geschwister Elisabeth und Philipp Zimmermann gründeten daher 1852 ein »Versorgungshaus für alte Leute«. 1000 Gulden betrug die Starteinlage für die Stiftung. Groß war das Versorgungshaus zu Beginn nicht. Am Anfang bestand es lediglich aus einem angemieteten Zimmer. Dank Zustiftungen von Wiesbadener Bürgern konnte bald eine ganze Wohnung gemietet werden. Sie lag in der Adlerstraße und bot vier alten Frauen ein Zuhause. Als sich 1856 auch die Stadt Wiesbaden engagierte, konnte die Zimmermann'sche Stiftung in der Dotzheimer Straße in Höhe der Zimmermannstraße (die nach den Stiftsgründern benannt war) ein eigenes Gebäude errichten. Zunächst fanden hier 24 Personen eine Bleibe, nach der Erweiterung im Jahr 1869 bot die Zimmermann'sche Stiftung 40 älteren Männern und Frauen Platz zum Leben. Wiesbaden wuchs rasend schnell und die Grundstückspreise schossen in die Höhe. Es war der ideale Zeitpunkt, um das alte Gebäude zu verkaufen und mit dem Gewinn eine neue Behausung zu bauen. 1893 eröffnete die Zimmermann'sche Stiftung ihre Pforten in der Schiersteiner Straße 38, wo es Platz für 80 bedürftige Mitmenschen gab.

Aufgenommen in das Stift wurden Männer und Frauen, die mindestens 50 Jahre alt sein mussten. Da es neben dem Verwalter und seiner Frau kein weiteres Personal zur Betreuung gab, besorgten die Frauen Küche und Wäsche selbst, während sich die Männer im großen Garten um Obst und Gemüse zu kümmern hatten. Mithilfe dieser Art von Beschäftigungstherapie und einer strengen Hausordnung sollte ein Stück weit Disziplin in die Unterkunft einkehren, denn viele der Heimbewohner galten als »schlechte Elemente«, die ihre Lage durch ein »ungeregeltes Leben« selbst verschuldet hätten. Der Heimleiter und seine Frau waren deshalb angewiesen, »mit unvermeidlicher Strenge« zu walten. Wegen des Mangels an Pflegepersonal wurden kranke Personen schnell in die städtische Klinik überwiesen.

Unter dem Dach der Zimmermann'schen Stiftung bildeten sich kleinere Unterstiftungen wie die des Buchhändlers Christian Wilhelm Kreidel (1817–1890), aus dessen Nachlass in der Walkmühlstraße die »Kreidelstiftung« entstand. In dem neu errichteten Heim fanden nach dem Willen des Erblassers »gebildete, aber weniger bemittelte Greise« Aufnahme. Das aus dem Vermächtnis von Rudolf Julius Mathias Ganzenmüller stammende »Karoline-Sabine-Stift« war ebenfalls für gebildete Personen gedacht und befand sich in der Stiftstraße. Eine bedeutende Spende stammte von Theodore von Knoop, die im Andenken an ihren verstorbenen Sohn unter anderem das »Theodorenhaus« in Eppenhain finanzierte. Es diente armen Näherinnen als Sommerfrische. Heute gehören die Gebäude der ehemaligen Zimmermann'schen Stiftung zur Gemeinnützigen Wohnungsgesellschaft der Stadt Wiesbaden.

Industrie und Wissenschaft

Die Kurstadt Wiesbaden lockte Mediziner an. Es galt die Wirkung der Thermalquellen auf den Menschen und seine verschiedenen Zipperlein zu untersuchen. Damit nicht jeder Kurpfuscher sein Unwesen in der Stadt treiben konnte, hatte die Obrigkeit ein Auge auf alle Ärzte, die sich in Wiesbaden niederließen. Einige von ihnen brachten es zu weltweitem Ruhm und weiteten ihre Forschungen in der Kurstadt aus. Wie Carl Remigius Fresenius (1818–1897), der im Frühjahr 1848 ein chemisches Labor in einem von ihm angekauften Haus in Wiesbaden eröffnete. Später wurde dieses Haus um einige Abteilungen erweitert und zur Fachakademie ausgebaut. Am Chemischen Laboratorium Fresenius Wiesbaden wurde Chemie, seit 1862 im Rahmen der Pharmaceutischen Lehranstalt auch Pharmazie und seit 1868 Agrikulturchemie und Ökologie unterrichtet. Carl Remigius Fresenius entwickelte wichtige Grundlagen und Methoden der chemischen Analyse und machte Wiesbaden in der akademischen Welt international bekannt. Seit 1862 war Fresenius Herausgeber der »Zeitschrift für Analytische Chemie«. 1873 erschien sein Buch »Geschichte des chemischen Laboratoriums zu Wiesbaden«.

Da Forschung und Industrie recht gut zusammenpassen, siedelten sich vor den Toren der Stadt erfolgreiche Unternehmen an. Heute sind diese Industriebetriebe fester Bestandteil von Wiesbaden.

Medizinalwesen

Zu Beginn des 19. Jahrhunderts wurde das Medizinalwesen in Nassau grundlegend organisiert. Bereits 1803 schuf das Fürstentum Nassau-Usingen eine Sanitätskommission, die die Neuzulassung aller Ärzte, Apotheker und Hebammen regelte. So sollte die aufkeimende Kurpfuscherei eingedämmt werden. Ab 1808 gab es eine geregelte Pockenschutzimpfung in Nassau und im Jahr 1818 teilte Regierungspräsident Carl von Ibell (1780–1834) das Herzogtum in 28 Medizinalbezirke ein. Er arbeitete ein Gesetz aus, das grundlegende Dienstanweisungen für Medizinalbeamten enthielt sowie eine Gebührenverordnung. Jeder Bezirk hatte einen Medizinalrat samt Assistent und Apotheker. Kurorte wie Wiesbaden erhielten darüber hinaus besondere Brunnen- und Badeärzte. Das Gehalt der angestellten Ärzte setzte sich aus den Praxiseinkünften und dem Lohn, den die Gemeinde zahlte, zusammen. Wie viel ein Patient zu bezahlen hatte, hing von seinem Einkommen ab. Bedürftige konnten einen Arzt unentgeltlich konsultieren.

Seit 1836 gab es – nachdem Herzog Wilhelm I. von Nassau ihrem Bau zugestimmt hatte – in Wiesbaden eine orthopädische Heilanstalt. Gegründet hatte sie Johann Baptist Carl Crévé (1798–1863), der bis dato als Chirurg tätig gewesen war. Die Thermalquellen waren der Grund, warum Crévé seine Praxis von Frankfurt nach Wiesbaden verlegte. Schließlich versprachen die heißen Quellen eine heilende Wirkung bei Erkrankungen der Gelenke und der Muskeln. In der orthopädischen Heilanstalt gab es 33 Zimmer mit insgesamt 50 Betten. Crévé behandelte vor allem Jugendliche mit Rückgratverkrümmung. Für Eltern, die zusammen mit ihren Kinder in der Klinik bleiben wollten, standen spezielle Familienwohnungen zur Verfügung. Auch die schulische Bildung blieb während der Therapiezeit nicht auf der Strecke. Die Jugendlichen konnten am Schulunterricht teilnehmen. Eine Gouvernante erteilte Unterricht in den Fächern Deutsch, Zeichnen und Englisch. Für die Fächer Religion und Musik waren Geistliche verantwortlich. Für die Unterbringung in der Heilanstalt mussten die Patienten ihre eigene Matratze, Bettwäsche, einen Strohsack sowie eine Bettpfanne mitbringen. Über den Verbleib von Johann Baptist Carl Crévé ist leider nichts bekannt. Gerüchten zufolge sollen die Geschäfte mit der orthopädischen Heilanstalt nicht gut gelaufen sein. 1863 verliert sich die Spur von Crévé in Wiesbaden.

> Das dreistöckige Gebäude der orthopädischen Heilanstalt kann heute noch besichtigt werden. Es befindet sich in der Rheinstraße 35 und beheimatet das Statistische Landesamt.

Augenheilanstalt von Weltruf

Ein weiteres Institut, das sich einen exzellenten Ruf über die Stadtgrenzen hinaus erarbeitete, war die Augenheilanstalt von Alexander Pagenstecher (1828–1879). Ein Jahr nach seinem medizinischen Staatsexamen 1850 in Wiesbaden ging Pagenstecher nach Paris, um dort Augenheilkunde zu studieren. Ab 1852 arbeitete der junge Mann in Wiesbaden als Assistent am Bürgerhospital, 1853 eröffnete er eine Privatpraxis für Augenheilkunde. Während seiner Studienreisen nach Zürich, London und Berlin traf er mit bekannten deutschen Augenärzten zusammen. Am 1. Januar 1856 gründete Pagenstecher in der Kirchgasse 7 die Augenheilanstalt Wiesbaden, der er bis zu seinem Lebensende als Direktor vorstand. Sie umfasste zwei Zimmer à drei Betten für Männer und Frauen sowie ein Behandlungszimmer. Als Fachkrankenhaus, das insbesondere auch mittellose Augenpatienten unentgeltlich behandelte, war die Einrichtung bahnbrechend und international anerkannt.

Dieses karitative Projekt konnte dank der Unterstützung der herzoglich nassauischen Regierung und zahlreicher Zuwendungen vermögender Bürger realisiert werden. In den ersten Monaten fiel der Andrang von Patienten aus armen Verhältnissen unerwartet hoch aus, daher wurde die finanzielle Lage der Augenheilanstalt nach einem Spendenaufruf im gesamten Herzogtum Nassau verbessert. Neben dem Arzt, der sich um die medizinischen Belange kümmerte, versorgten eine Magd und eine Wärterin die Patienten. Die Verpflegung übernahm eine städtische Speiseanstalt. Da die engen Räumlichkeiten schon bald keinen Platz mehr für die vielen Hilfesuchenden aus dem gesamten Herzogtum boten, zog die Klinik bereits im Frühjahr 1857 um. In der Taunusstraße 59, dem neu errichteten Privathaus von Alexander Pagenstecher, welches er gemeinsam mit seinem jüngeren Bruder Hermann bewohnte, war geringfügig mehr Platz: Die Zahl der Betten betrug jetzt zehn. Aufgrund des guten Rufs der Augenheilanstalt und ihres Leiters ernannte Herzog Adolf von Nassau Alexander Pagenstecher zum Hofrat. Die erfolgreiche Arbeit führte zu internationaler Anerkennung. Bald kamen die Patienten aus vielen verschiedenen Ländern Europas. Um dieser neuen Herausforderung gerecht zu werden, wurden bis 1859 insgesamt 20 Betten in sechs Zimmern für stationäre Behandlungen eingerichtet. Allein vier Plätze waren für Kinder vorgesehen. Als auch diese Räumlichkeiten den gestiegenen Anforderungen nicht mehr entsprechen konnten, erwarb Pagenstecher – mit finanzieller Hilfe des Herzogs – im Jahr 1861 in der Kapellenstraße 20 (heute 29) ein neues Gebäude: In zwölf Zimmern konnten 33 Patienten stationär aufgenommen werden. Die großzügigen Räumlichkeiten ermöglichten eine geordnete Haushaltsführung und boten zudem ausreichend Platz für das Personal. Zwei Assistenzärzte unterstützten Alexander Pagenstecher inzwischen in seiner Arbeit. Daher war es möglich, zwischen 1862 und 1865 über 6000 Patienten in der Augenheilanstalt kostenlos zu behandeln. Im gleichen Zeitraum zahlten etwa 4000 finanziell gut gestellte Patienten ihre Behandlungskosten. Zu den namhaften Persönlichkeiten, die im Laufe der Jahre die Einrichtung besuchten, zählten unter anderem Großfürstin Helene von Russland (1807–1873), Prinzessin Marianne der Niederlande (1810–1883) oder Prinzessin Elisabeth zu Wied (1843–1916), die spätere Königin von Rumänien.

Ein weiteres Gebäude der ehemaligen Augenheilanstalt von Alexander Pagenstecher in der Taunusstraße 63

Pagenstecher war Operateur von Weltruf, vor allem auf dem Gebiet des grauen und des grünen Stars: Er führte etwa 2000 Operationen dieser Art selbst durch. Pagenstecher gilt als Erfinder der intrakapsulär-operativen Entfernung der Augenlinse. Diese Operation realisierte er mit einem speziellen Löffelinstrument, welches er 1866 selbst entwickelt hatte. Pagenstecher war in vielerlei Hinsicht erfinderisch. Die von ihm entwickelte Gelbe Präcipitatsalbe fand weltweit Verwendung. 1861 bis 1866 fungierte er als Herausgeber der »Klinischen Beobachtungen aus der Augenheilanstalt zu Wiesbaden«. Sein Sohn Hermann Pagenstecher (1844–1932) übernahm die Leitung der Augenheilanstalt, nachdem sein Vater infolge von Verletzungen, die er sich bei einem Jagdunfall mit dem eigenen Gewehr nahe dem Jagdschloss Platte in Wiesbaden zugezogen hatte, 1879 gestorben war. Während des Ersten Weltkrieges diente die Klinik als Lazarett, wobei die Bettenzahl von 90 auf 175 erhöht wurde. In der anschließenden Wirtschaftskrise litt die Einrichtung unter Versorgungsproblemen und sinkenden Spenden. Nach dem Krieg war das Rheinland besetzt und auswärtige Patienten hatten Mühe, überhaupt anreisen zu können. Aus diesem Grund gingen in den 1920er-Jahren die Behandlungszahlen drastisch zurück und die Existenz der Augenheilanstalt stand in den Sternen. Im Zweiten Weltkrieg diente die Klinik als Lazarett. Kurz vor Kriegsende 1945 trafen Bomben Teile des Klinikgebäudes. Im Laufe der folgenden Jahre wurden die Kriegsschäden repariert und der Betrieb wieder aufgenommen. Zum 125-jährigen Jubiläum im Jahr 1981 schlossen sich die Türen der Augenheilanstalt endgültig.

Auch im 20. Jahrhundert kamen Menschen aus ganz Europa nach Wiesbaden, um ihre Augenkrankheiten zu kurieren. Vom 14. bis 21. April 1930 hielt sich der irische Schriftsteller James Joyce (1882–1942) in der Stadt auf. Joyce reiste mit seiner Lebensgefährtin Nora Barnacle sowie ihrer gemeinsamen Tochter Lucia an. Sie bewohnten ein Zimmer im Hotel Rose. Der Schriftsteller war nach Wiesbaden gekommen, um den bekannten Augenspezialisten Professor Dr. Pagenstecher aufzusuchen.

Industrie vor den Toren der Stadt

Um den Kurcharakter der Stadt zu erhalten, versuchte die Regierung die Ansiedlung von Industrie in Wiesbaden zu vermeiden. Die Kurgäste sollten schließlich nicht durch unangenehme Gerüche oder den Anblick einfacher Arbeiter belästigt werden. Die Industriebetriebe nahmen es gelassen und siedelten sich direkt am Rhein am. Biebrich war der ideale Standort und entwickelte sich schnell zu einem Industriestandort, in dem Arbeitersiedlungen überwogen. Den Anfang machten 1856 die Nassauischen Rheinhütten in Biebrich. Die Eisengießerei und Maschinenfabrik expandierte nach dem Deutsch-Französischen Krieg von 1870/71 und spezialisierte sich auf hydraulische Pressanlagen für die chemische Großindustrie. Nur zwei Jahre später gründete Wilhelm Gail eine Fabrik für Parkettböden und Holzbearbeitung in Biebrich. Zu diesem Unternehmen gehörte ein eigenes Sägewerk.

1863 gründete Wilhelm Kalle in Biebrich die Firma »Kalle & Co.« und befasste sich mit der Produktion von Teerfarbstoffen. Das Unternehmen begann zunächst mit nur drei Arbeitern in angemieteten Räumen und produzierte ausschließlich Farben, die nach England und Frankreich exportiert wurden. 1885 kam die Produktion von synthetischen Pharmazeutika aus Steinkohlenteerinhaltsstoffen hinzu: ein Wunddesinfektionsmittel sowie ein Antituberkulosemittel.

> Die Firma Kalle existiert noch heute in Wiesbaden. Bekannt ist das Unternehmen für die Herstellung von »Nalo«, nahtlose, synthetische Wursthüllen, sowie die Produktion von Schwammtüchern.

Mit »Henkell trocken« in aller Munde

Ein anderes bis heute bekanntes Unternehmen durfte ebenfalls in Biebrich seine Zelte aufschlagen. Die Sektkellerei Henkell baute auf dem Biebricher Berg einen prachtvollen Firmensitz. Der Bau ist ganz im klassizistischen Stil gehalten und verfügt über ein reich verziertes Foyer. Das schlossähnliche Gebäude gilt als der schönste Bau des Berliner Architekten Paul Bonatz (1877–1956). Der neue Firmen-

Historisches Werbeplakat - Otto Henkell, Schöpfer der Marke Henkell Trocken, entwickelte gleichzeitig zu seinem Produkt ein Werbekonzept.

Der Marmorsaal ist der repräsentative Eingangsbereich der Sektkellerei Henkell.

sitz war Produktions- und Repräsentationsstätte zugleich. Ursprünglich kam das Unternehmen aus Mainz. Hier hatte 1832 Adam Henkell (1801–1866) eine Weinhandlung gegründet, in welcher er Weine aus Rheinhessen und dem Rheingau verkaufte. Ab 1856 stellte Adam Henkell Schaumwein direkt in Mainz her. In seinem ersten Produktionsjahr erzeugte er gut 12.000 Flaschen. 1892 stieg sein Enkel Otto Henkell (1869–1929) in das Schaumweingeschäft ein und verlegte den Firmensitz nach Wiesbaden, wo der Adel und das Geld sich aufhielten. Es mangelte dem Unternehmen nicht am nötigen Rohstoff, denn die Winzer aus den umliegenden Dörfern lieferten ihre Ernte in der Sektkellerei ab. Dort, in einem Gewölbekeller 15 Meter unter der Erde, wurde der Schaumwein produziert. Mit ihrem Produkt »Henkell trocken« war die Firma gegen Ende des 19. Jahrhunderts auch international in aller Munde. Als Kaiser Wilhelm II. (1895–1941) seine Kriegsmarine ausbauen wollte, belegte er den Sekt mit einer Sondersteuer, um sein Projekt zu finanzieren. Kaiser gibt es schon lange nicht mehr in Deutschland, aber die Sektsteuer ist geblieben. Heute produziert die Sektkellerei Henkell jährlich rund 90 Millionen Liter von ihrem prickelnden Getränk.

> Am 23. Dezember 1972 eröffnete Wiesbadens einzige Wintersportstätte ihre Pforten. Die Henkell-Kunsteisbahn bietet auf 1800 Quadratmetern Eislaufvergnügen unter freiem Himmel. In den Sommermonaten steht die Bahn Inlineskatern kostenlos zur Verfügung.

Stinker nach Amöneburg

Die Zahl der Unternehmen in Biebrich wuchs, aber nicht jeder Industriebetrieb durfte sich hier niederlassen. Dem Herzog missfiel es, dass am Standort seiner Sommerresidenz eine Düngemittelfabrik entstehen sollte. Daher wich die Firma H. und E. Albert ins nahe gelegene Amöneburg aus, wo sie bald zu einem bedeutendem Düngerbetrieb aufstieg. Europäische und schließlich weltweite Bedeutung erlangte das Unternehmen durch die Entwicklung eines Superdüngers im Jahr 1871. Die Firma wurde 1895 in »Chemische Werke vorm. H. & E. Albert Aktiengesellschaft« umbenannt. Bis zum Ersten Weltkrieg existierten auch Werke in England, Belgien, Frankreich und Russland, die jedoch im Zuge von Reparationsleistungen nach 1918 beschlagnahmt wurden. 1922 kam die Produktion von Pharmazeutika hinzu.

Aber nicht nur Düngemittelfirmen erhielten keine Betriebs-
erlaubnis. Auch Wilhelm Gustav Dyckerhoff (1805–1894) musste
mit seiner Zementfabrik nach Amöneburg ausweichen, nachdem
er keine Genehmigung für eine Ansiedlung in Biebrich erhalten
hatte. Gemeinsam mit seinen Söhnen Gustav und Rudolf gründete Dyckerhoff am 4. Juni 1864 die Portland-Cement-Fabrik
Dyckerhoff & Söhne. Der gute Ruf des Unternehmens verbreitete
sich schnell. Bereits kurz nach der Gründung in Amöneburg erhielt Dyckerhoff den Zuschlag, um den Zement für den Bau der
holländischen Staatseisenbahn zu liefern. Im zweiten Produktionsjahr erzeugte das Unternehmen 2228 Tonnen Zement, fünf
Jahre später wurden ca. 100 Arbeiter in dem ständig expandie-
renden Betrieb beschäftigt, 1883 war die Zahl der Mitarbeiter auf
gut 500 gestiegen. Schon bald exportierte die Portland-Cement-
Fabrik Dyckerhoff & Söhne ihr Produkt ins Ausland. 1886 lieferte
das Unternehmen in über 100 Länder. Dyckerhoff & Söhne erhielt für seine vielfältigen Produkte nationale und internationale
Auszeichnungen. Für das Fundament der 1886 eingeweihten Frei-
heitsstatue steuerte Dyckerhoff 1884 8000 Fässer Portlandzement
bei, was 1360 Tonnen entspricht. In New York fand der Zement
der Firma Dyckerhoff noch weitere Abnehmer: Auch beim Bau
der Metropolitan Opera und des Waldorf-Astoria-Hotels kam das
Produkt aus Amöneburg zum Einsatz.

Amöneburg gehörte Mitte des 19. Jahrhunderts nicht zum Herzogtum Nassau. Es war ein Teil des Großherzogtums Hessen-
Darmstadt. 1908 wurde Amöneburg ein Stadtteil von Mainz.
Erst nach dem Zweiten Weltkrieg beschlossen die Besatzer, die
rechtsrheinischen Gebiete Wiesbaden zuzuordnen.

Rheinische Vieh-Versicherungs-Gesellschaft

Wer Wiesbaden aus Süden anfährt, kommt unweigerlich an einem riesigen Gebäudekomplex vorbei. Kurz hinter dem Stadtteil Erbenheim erheben sich die Bürogebäude der R+V-Versicherungen, einer der größten Versicherungsgesellschaften Deutschlands. Am Raiffeisenplatz 1 und 2 recken sich die modernen Bauten in die Höhe. Es existieren noch fünf weitere Standorte in Wiesbaden mit den weiß-blauen Fahnen vor den Türen. Das Logo der R+V-Versicherung ist in der hessischen Landeshauptstadt präsent. Das ist auch nicht weiter verwunderlich, hat das Unternehmen in Wiesbaden doch seinen Hauptsitz. Das genaue Gründungsjahr der Versicherungsgesellschaft ist kaum zu ermitteln, denn im Laufe der Geschichte fusionierten und kooperierten verschiedene Selbsthilfevereine; es dürfte um 1850 liegen. Damals lebten zwei Männer in Deutschland, die sich für die Belange der sozial schwachen Bürger einsetzten: Friedrich Wilhelm Raiffeisen (1818–1888) und Hermann Schulze-Delitzsch (1808–1883).

Nach einer Reihe von schlechten Ernten litten die Menschen im Winter 1846/47 unter schlimmem Hunger. Raiffeisen war Bürgermeister der Amtsbürgermeisterei Weyerbusch im Westerwald und forderte arme wie wohlhabende Bürger zum gemeinschaftlichen Handeln auf. Er rief den Verein für Selbstbeschaffung von Brot und Früchten, kurz »Brotverein« genannt, ins Leben. Grundidee des Vereins war die Hilfe zur Selbsthilfe und das gemeinschaftliche Handeln. Dieser Verein gilt als Anfang der landwirtschaftlichen Genossenschaftsbewegung in Deutschland. Hermann Schulze-Delitzsch war zeitgleich in Leipzig aktiv. Als Richter waren ihm Not und Leid der Menschen nicht unbekannt. Es war ebenfalls der von Hunger bestimmende Winter 1946/47, der den Richter zum Handeln animierte. Er gründete eine Wohltätigkeitsorganisation, die Brot an Arme kostenlos oder verbilligt abgab. Im Laufe der Jahre engagierte sich Schulze-Delitzsch für eine Reihe von Genossenschaften, die sich um die Belange der Handwerker kümmerten. Als Abgeordneter in der Preußischen Nationalversammlung setzte sich Schulze-Delitzsch für Genossenschaften ein. Das Genossenschaftsgesetz vom 1. Mai 1889, das heute noch gültig ist, basiert auf den Gedanken des Leipziger Richters und seiner Vorarbeit als Reichstagsabgeordneter. Am 15. September 1922 gründete sich in Berlin die Raiffeisen Allgemeine Versicherungsgesellschaft a. G. und die Raiffeisen Lebensversicherungsbank a. G. Beide Gesellschaften hingen wirtschaftlich eng zusammen und sind die Mütter des heutigen R+V-Konzerns. Nachdem West-Berlin nach dem Zweiten Weltkrieg vom Rest Deutschlands abgeschnitten war, beschloss die R+V-Versicherung, ihren Standort zu verlegen. Der kleine Ort Niederwalluf am Rhein wurde neuer Hauptsitz des Unternehmens. Doch nur für kurze Zeit. Zwei Jahre später, 1948, zog die Versicherungsgesellschaft an ihren heutigen Standort nach Wiesbaden.

> Am 19. August 1971 wurde das Hochhaus der Raiffeisen- und Volksbanken-Versicherung am Kureck eingeweiht. Ein hoher, hässlicher Bau, der mit seinen 19 Stockwerken und einer Höhe von 71 Metern für Unmut in der Wiesbadener Bevölkerung sorgt.

Süßer Pionier

Seit 1898 verwöhnt die Konditorei Kunder die Wiesbadener und ihre Kurgäste mit kleinen Köstlichkeiten. Seit über 100 Jahren sitzt die Confiserie am ersten Platz der Stadt, auf der Wilhelmstraße. Weltberühmt ist der Familienbetrieb für seine Ananastörtchen. Bis heute entstehen jährlich bis zu 30.000 Stück. Auf die Idee, etwas ganz Einzigartiges herzustellen, kam Kunders Ehefrau Hermine. Während Fritz Kunder in der Manufaktur sich an neuen Rezepten ausprobierte, stand Hermine im Verkaufsraum an der Theke. Immer häufiger fragte die Kundschaft, ob es bei

Kunders nicht etwas ganz Einmaliges gebe, etwas Einzigartiges. Daraufhin begab sich Fritz Kunder in seine Versuchsküche und experimentierte zwei Jahre lang, bevor das Wiesbadener Ananastörtchen das Licht der Welt erblickte. Die preisgekrönte Kreation besteht aus knusprigen Nougatwaffeln, einem Rand aus Marzipan und gehackten Mandeln. Die Mitte des Törtchens setzt sich aus fruchtiger Ananasmarmelade mit einer Decke aus Zartbitterschokolade zusammen. Auch heute noch werden die Törtchen in Handarbeit gefertigt. Schuld daran ist die Ananasmarmelade. Diese ist keine homogene Masse, sondern besitzt durchaus kleine Fruchtstücke. Es braucht daher Fingerspitzengefühl, die richtige Menge auf die Törtchen zu verteilen.

1903 ging das erste Wiesbadener Ananastörtchen über die Ladentheke und seit 1904 ist das Markenzeichen beim kaiserlichen Patentamt gemeldet. Obwohl im Ersten und Zweiten Weltkrieg der Kurbetrieb unterging, hat die Konditorei Kunder überlebt. Das deutsche Wirtschaftswunder in den 1950er-Jahren führte dazu, dass die Menschen wieder Geld für süße Spezialitäten übrig hatten. In den 1960er-Jahren errichtete Kunder, mittlerweile von der dritten Generation geführt, eine Schokoladen- und Pralinenmanufaktur. Wolfgang Brand, Enkel des Gründers Fritz Kunder, baute sie direkt an die Konditorei. Die Pralinenspezialitäten finden ihren Weg nach ganz Europa und tragen so hübsche Namen wie Teufelsbirnchen oder Pfläumchen mit Pfiff. Heute wie vor 100 Jahren kreiert die Konditorei Kunder Pralinen für gekrönte Häupter. Für den Staatsbesuch des niederländischen Königspaars im Jahr 2013 probierten sich die Wiesbadener an einer Praline mit dem Namen Oranje. Sie wurde auf dem offiziellen Kaffeeempfang gereicht und diente als Betthupferl im Hotel für Willem-Alexander und Máxima der Niederlande.

Hessens Schwimmbad mit dem schönsten Ausblick

Viele wohlhabende Pensionäre verbrachten ihren Lebensabend in der hübschen Kurstadt. Der eine oder andere ließ es sich nicht nehmen, seine neue Heimat finanziell zu unterstützen. Auf diese Weise kam Wiesbaden auch in den Genuss des Opelbads, das auf dem Hausberg der Wiesbadener, dem Neroberg, thront. In der ganzen Rhein-Main-Region gibt es kein Freibad mit schönerem Ausblick. Mit diesem Geschenk hat Wilhelm von Opel (1871–1948) den Bürgern eine ganz besondere Freude gemacht. Anfang der 1930er-Jahre, als die Wiesbadener Stadtkasse große Löcher aufwies, unterstützte der Erbe der Opelwerke die Stadt beim Bau eines Freibades. Damit Wiesbaden das Vorhaben realisieren konnte, spendete von Opel die stolze Summe von 100.000 Mark. Weitere 150.000 Mark standen der Stadt im Rahmen eines Darlehens von Opel zur Verfügung. Wie so häufig in der Geschichte der Wiesbadener Politik, ging die Planung des Freibades nicht ohne Querelen vonstatten. Diskussionsbedarf lieferte

Das Opelbad in Wiesbaden mit Blick über die Stadt

die Standortfrage: Aukammtal oder Neroberg? Was den Aus-
schlag für ein »Bad am Berg« letztendlich gab, ist nicht bekannt.
Wilhelm von Opel war von der Entscheidung äußerst angetan.
Am 16. Juni 1934, von Opel war mittlerweile zum Ehrenbürger
von Wiesbaden ernannt, öffneten sich die Pforten des Freiluft-,
Schwimm- und Sonnenbads am Südhang des Nerobergs.

Seit 1928 lebte der gebürtige Rüsselsheimer in Wiesbaden, sei-
ner Stadt, die ihm am Herzen lag. Wilhelm von Opel übernahm
1895 gemeinsam mit seiner Mutter Sophie Opel und seinen vier
Brüdern die Geschäftsführung der Opel-Werke in Rüsselsheim.
Drei Jahre später kaufte die Adam Opel KG die Anhaltische Mo-
torwagenfabrik des Dessauer Hofschlossermeisters Friedrich
Lutzmann und begann mit der Herstellung von Automobilen.
Zuvor war die Firma mit der Produktion von Nähmaschinen
und Fahrrädern groß geworden. In den 1920er-Jahren führte
Wilhelm von Opel mit dem Automodel »Laubfrosch« die Fließ-
bandfertigung in der deutschen Automobilindustrie ein. Für
seine unternehmerischen Verdienste wurde Wilhelm von Opel
1917, ebenso wie seine Brüder Carl und Heinrich, von Großherzog Ernst Ludwig (1868–1937) in den hessischen Adelsstand er-
hoben und gleichzeitig zum Geheimrat ernannt. Nachdem die
Adam Opel AG 1929 für die stolze Summe von 154 Millionen
Reichsmark an die US-Firma General Motors verkauft wurde,
engagierte sich Wilhelm von Opel für die Belange von Wiesbaden. So erließ er der Stadt das Restdarlehen von 50.000 Mark,
welches von Opel der Stadt für den Bau des Schwimmbades gewährt hatte, und gründete diverse Stiftungen. Dadurch profitierten Projekte wie die Goethewarte auf dem Geisberg oder das
Klubhaus des Tennis- und Hockeyclubs im Nerotal. Wiesbaden
lag dem »alten Geheimrat«, wie die Bürger der Stadt ihn liebevoll nannten, sehr am Herzen. Als der großzügige Mäzen am
5. Mai 1948 starb, waren Trauer und Anteilnahme groß. Wer im
Opelbad seine Runden im Wasser dreht, sollte kurz innehalten,
den Ausblick genießen und an den edlen Spender denken.

»Forsche gründlich, rede wahr«

Das Grab Carl Remigius Fresenius' am Alten Friedhof

Bei diesen Wörtern handelt es sich um den Anfang des Lebensmottos der Familie Fresenius. Vollständig lautet der Satz »Forsche gründlich, rede wahr, schreibe bündig, lehre klar«; er kann in der Galerie des denkmalgeschützten Gebäudes in der Kapellenstraße 11, dem ehemaligen Laboratorium Fresenius, nachgelesen werden. Es war vor allem die Lebensmaxime von Carl Remigius Fresenius (1818–1897), der das chemische Laboratorium mit angegliederter pharmazeutischer Lehranstalt in Wiesbaden gründete. Sein Urenkel Wilhelm Fresenius (1913–2004) prägte mit seinem politischen, wirtschaftlichen und christlichen Engagement das Leben in Wiesbaden, obwohl er in Berlin geboren ist. In der Wissenschaftsgeschichte ist Wilhelm Fresenius kein Unbekannter. Als Vater der deutschen analytischen Chemie hat er sich einen Namen gemacht. Dank Wilhelm ist der Name Fresenius europaweit ein Begriff, denn unter seiner Leitung wurde das Institut Fresenius in Taunusstein zum bundesdeutschen Marktführer für Lebensmittelanalytik.

Die Liebe zur Chemie wurde dem kleinen Wilhelm quasi in die Wiege gelegt. Seit Urgroßvater Carl Remigius Fresenius waren alle Männer in der Familie Chemiker. 1949 übernahm Wilhelm die Leitung des von seinem Urgroßvater gegründeten chemischen Laboratoriums in Wiesbaden. In den Mittelpunkt seiner wissenschaftlichen Arbeit stellte Wilhelm Fresenius die Verbesserung der Trink- und Mineralwasserqualität. Doch die Chemie war nur eine seiner Leidenschaften. Professor Wilhelm Fresenius war Autor von diversen Standardwerken seines Fachbereichs. Darüber hinaus hatte er das Amt des Rektors der Europa-Fachhochschule Fresenius inne. Er betätigte sich 20 Jahre lang als Abgeordneter in der Wiesbadener Stadtverordnetenversammlung, und er war CDU-Fraktionsvorsitzender. Fast 40 Jahre lang war der überzeugte Pazifist Mitglied der evangelischen Synode und zählte zu den Gründungsmitgliedern der Evangelischen Kirche von Hessen und Nassau. Wilhelm Fresenius war ein aktiver Mensch. Selbst an seinem 90. Geburtstag legte er nicht die Füße hoch, sondern blickte voller Tatendrang in die Zukunft: »Es liegen zahlreiche Aufgaben vor uns. Wir müssen zusammenarbeiten, und jeder muss seinen Teil beitragen.« An diesem Lebensmotto hielt der Chemiker fest. Er starb mit 91 Jahren in Wiesbaden. Wer heute an der Aukammallee vorbeifährt, kommt unweigerlich an dem großen Gebäude vorbei, welches ihm zu Ehren den Namen Wilhelm Fresenius Klinik trägt.

Zu Lande, zu Wasser und in der Luft

Viele Wege führen nach Wiesbaden. Damals wie heute. Sei es zu Lande, zu Wasser oder in der Luft. Schon vor gut 200 Jahren war es für die Weltkurstadt von immenser Bedeutung, gut erreichbar zu sein. Die Gäste kamen schließlich nicht nur aus der Umgebung, sondern reisten aus ganz Europa an. Eine direkte Straßenverbindung nach Frankfurt am Main entstand bereits 1813.

Rheinschifffahrt

Um die Gästezahl weiter steigern zu können, sollte Wiesbaden an die Dampfschifffahrt angebunden werden. Nachdem im Jahr 1827 die Kölner Dampfschifffahrtsgesellschaft den Verkehr zwischen Mainz und Köln aufgenommen hatte, stieg die Zahl der englischen und niederländischen Touristen an. Wollten diese jedoch weiter nach Wiesbaden, musste sie dafür extra den Rhein überqueren. Ein Umstand, der für Kurgäste mit ihrem Gepäck nicht annehmbar war. Einen Trumpf zog schließlich Herzog Wilhelm I. von Nassau aus dem Ärmel. Er hatte sich 1836 mit Aktien an der Gründung der Düsseldorfer Dampfschifffahrtsgesellschaft beteiligt. Der Herzog bewirkte, dass die Dampfschiffe direkt in Biebrich anlegten. Die Kurgäste konnten jetzt bequem über die neu ausgebaute Straßenverbindung Biebrich-Wiesbaden in die Stadt gelangen.

1839 nahm schließlich noch eine Niederländische Dampfschifffahrtsgesellschaft ihr Geschäft auf. Für Kurgäste bestand jetzt die Möglichkeit, mehrmals am Tag per Schiff nach Wiesbaden zu gelangen. Allerdings nur in den Monaten April bis Oktober, weil in den Wintermonaten die Schifffahrt auf Eis lag.

Schiffsanlegestelle in Biebrich um 1900

Per Bahn

Herzog Adolf von Nassau (1817–1905) war stark daran interessiert, die Infrastruktur seiner Hauptstadt zu verbessern. 1835 fand in Deutschland die erste Bahnfahrt von Nürnberg nach Fürth statt. Nur vier Jahre später wurde der erste Wiesbadener Bahnhof fertiggestellt und zählte zu den Pionieren deutscher Bahnhöfe. Der Taunusbahnhof, wie er hieß, befand sich an der Ecke Rheinstraße/Wilhelmstraße und war ein Kopfbahnhof. Am 10. März 1840 konnten endlich auch die ersten Bahnstrecken in Betrieb genommen werden. Die Taunusbahnlinie verlief zwischen Wiesbaden und Kastel, kurze Zeit später konnten Bahnreisende direkt bis nach Frankfurt fahren. Bereits im ersten Geschäftsjahr verzeichnete die Taunus-Eisenbahn-Gesellschaft Wiesbaden 600.000 Reisende auf den Strecken. 1841, nur ein Jahr später, hatte sich die Zahl der Bahnreisenden um 100.000 erhöht.

Am Taunusbahnhof, einem der ersten Bahnhöfe in Deutschland, machten sich bald Defizite bemerkbar. Die Anlage verfügte nur über eine mangelhafte Ausstattung. Vor allem das Empfangsgebäude war einer Kurstadt nicht würdig, ebenso die ungepflegte Umgebung. Auch fehlte ein Fürstenzimmer, in dem sich Kaiser und Könige vor und nach ihrer Bahnreise aufhalten konnten, ohne sich mit dem Pöbel den Bahnsteig teilen zu müssen. Erst 1897 errichtete die Stadt Wiesbaden als Fürstenzimmer einen kleinen Anbau an das Empfangsgebäude, der zum Bahnsteig hin jedoch nur mit einem Vorhang verschlossen war.

1857 kam eine neue Strecke hinzu: die Rheinbahn. Sie schlängelte sich am Rhein bis nach Rüdesheim. In diesem Jahr zählte die Bahn bereits eine Million Kunden. Diese Strecke wurde in den folgenden Jahren bis Niederlahnstein und Koblenz erweitert. Unter den Passagieren befanden sich viele Ausflügler. An manchen Tagen waren es bis zu 2000 Menschen, die aus den benachbarten Städten Mainz und Frankfurt in die Hauptstadt kamen. Viele Gäste aus den angrenzenden Ländern, die längere Zeit in Wiesbaden weilten, reisten jetzt für ihren Kuraufenthalt mit der Bahn an.

1906 entstand im Süden von Wiesbaden ein neuer, repräsentativer Hauptbahnhof, der einer Weltkurstadt würdig war. Als er am 15. November 1906 eröffnet wurde, ließ man kein gutes Haar am alten Taunusbahnhof. So schrieb das Wiesbadener Tagblatt: »Er war niemals eine Schönheit; er hatte von jeher auf jede weltkurstädtische Eleganz verzichtet; er war eine Enttäuschung für jeden, der von dieser Seite aus zum ersten Mal den Fuß in die berühmte und tausendmal in den Himmel gehobene Kurstadt setzte.«

Unbeliebtes Fortbewegungsmittel

Wiesbaden erhielt im Jahr 1875, als elfte Stadt im preußischen Reich, eine Pferdestraßenbahn. Die Strecke führte vom Bahnhof am südlichen Ende der Wilhelmstraße, am Kurhaus vorbei, durch die Taunusstraße bis ins Nerotal. Dank eines Elektrizitätswerks, welches die Stadt 1896 in Betrieb nahm, konnte im gleichen Jahr die erste elektrische Straßenbahn durch Wiesbaden rollen. Sie verkehrte von den Bahnhöfen in der unteren Rheinstraße bis zur neuen Schützenstraße und brachte die Kurgäste zu den wichtigsten Sehenswürdigkeiten. Um 1900 folgte die Ablösung durch die Dampfbahn. Ab 1906 konnten die Wiesbadener mit der Straßenbahn nach Mainz, Erbenheim und Dotzheim fahren. Beliebt war dieses Fortbewegungsmittel aber nicht. Die Straßenbahn war meistens unpünktlich, schlecht getaktet und extrem laut. Häufig erschreckten sich die Pferde der vorbeifahrenden Kutschen und scheuten, wenn sie die Straßenbahn hörten. Hinzu kam, dass bei diesem Gefährt die Bremsen des Öfteren versagten. Dadurch kam es zu mehreren schlimmen Unfällen in Wiesbaden. Die Bahnen entgleisten und rissen zum Teil große Löcher in die daneben liegenden Hauswände. Der Schrecken der Straßen fuhr aber nur bis 1929 durch die Kurstadt. Danach übernahmen Busse die Herrschaft über den Verkehr. Das war ein schlauer Schachzug, ist Wiesbaden doch eine Stadt mit mehr oder weniger steilen Hängen. Da kommt ein Bus einfach besser hinauf. Zu dieser Zeit war Wiesbaden die erste Großstadt in Europa, die für ihren öffentlichen Verkehr ausschließlich Busse einsetzte. Daran hat sich bis heute nichts geändert.

Als erste Stadt in der Bundesrepublik führte Wiesbaden am 1. September 1968 Busspuren ein. Für andere Fahrzeuge ist dieser Bereich der Fahrbahn gesperrt. Die Dotzheimer Straße, Teile der Luisenstraße und die Bleichstraße dienten als Teststrecken für Busspuren, sehr zum Leidwesen der Autofahrer. Die separate Fahrbahn für Busse setzte sich jedoch in Wiesbaden durch.

Vorzeigeobjekt auf Schienen

Da sich der Adel und das Großbürgertum gern auch im benachbarten Kurort Langenschwalbach (heute Bad Schwalbach) aufhielt, forderte die Wiesbadener Handelskammer den Bau einer Bahnverbindung. 1885 willigte Kaiser Wilhelm I. schließlich ein. Der Landtag gab daraufhin im März 1886 Mittel in Höhe von 1,21 Millionen Reichsmark frei.

Die Aartalbahn war 1889 ein Vorzeigeobjekt in Bezug auf die Streckenführung. Damals war diese Strecke mit einer Steigung von bis zu 30 Prozent auf einigen Abschnitten die steilste im Deutschen Reich, die ohne Zahnrad auskam. Dazu wies die Strecke sehr enge Kurvenradien von 180 Metern auf, was eine Höchstgeschwindigkeit von nur 40 Stundenkilometern ermöglichte. Dafür konnte auf den Bau von Viadukten oder Tunneln verzichtet werden. Die Wiesbadener haben sich als Ingenieur für dieses Projekt keinen unbekannten gesucht. Moritz Hilf (1819–1894) war ein alter Hase im Bau von Eisenbahnstrecken. Die Nassauische Staatsbahn geht auf sein Konto ebenso wie die Taunusbahn, die Frankfurt und Wiesbaden miteinander verband. Für die Planung der Aartalbahn begab sich Hilf auf die Suche nach dem optimalen Streckenverlauf.

Im November 1889 brachte die Aartalbahn zum ersten Mal Kurgäste nach Langenschwalbach. Dank einer leistungsfähigen Lokomotive konnten die Steigungen auf der Strecke bestens gemeistert werden. Auch kamen spezielle Waggons zum Einsatz, die sogenannten Langenschwalbacher. Sie waren leichter als herkömmliche Waggons, und ihre Drehgestelle, quasi ihre Räder, waren in ihrer Beweglichkeit auf die Strecke abgestimmt. Die im November 1889 eröffnete Strecke führte vom Wiesbadener Rheinbahnhof nach Langenschwalbach. Für die Fahrt brauchten Reisende jetzt nur noch eine Stunde. Mit der Kutsche mussten 90 Minuten veranschlagt werden. Zu Beginn gab es noch den einen oder anderen Unfall auf der kurvenreichen Strecke, aber nachdem die Züge und Waggons verbessert worden waren, minimierte sich die Zahl der Unfälle und die Fahrtzeit verringerte sich auf 30 Minuten. In den Jahren 1891 und 1892 nutzten bereits 70.000 Fahrgäste die neue Bahnstrecke. 2009 wurde der Zugverkehr wegen eines Unfalls an einer Brücke vorerst eingestellt. Heute befährt die Nassauische Touristikbahn e. V. die Strecke zwischen Bahnhof Dotzheim und Bad Schwalbach und hat dafür eine gute, alte Museumslokomotive wieder in Schwung gebracht.

Ein technisches Kulturdenkmal

Ein ganz besonderes Schmuckstück ist die Nerobergbahn. Wie der Name schon vermuten lässt, transportiert sie Kind und Kegel auf den Wiesbadener Hausberg hinauf. Neben den hübschen, gelben Wagen ist es vor allem die Technik, welche die Nerobergbahn zu etwas ganz Besonderem macht. Handelt es sich doch um eine mit Wasserballast betriebene Drahtseilbahn, deren Technik bis heute unverändert ist. Das Prinzip funktioniert folgendermaßen: Die Nerobergbahn verfügt über zwei Wagen. Einer davon fährt talabwärts, während der andere Wagen bergauf fährt. Der talabwärts fahrende Wagen zieht den anderen Waggon durch seine Schwerkraft und mithilfe des Ballastwassers, welches sich in einem unter dem Fahrgastraum angebrachten Tank befindet, nach oben. Der Tank fasst 7000 Liter Wasser, das in der Talstation abgelassen wird. Das geschieht automatisch, wenn der einfahrende Wagen in der Talstation ein Winkeleisen passiert, sodass sich ein Entleerungsventil öffnet und das Wasser ausströmt. Das Ballastwasser geht nicht verloren, sondern wird aufgefangen und zur Bergstation in die Reservoirs gepumpt.

Am 25. September 1888 kamen die Wiesbadener zum ersten Mal in den Genuss der Bergbahn. Der Fahrpreis für eine Hin- und Rückfahrt belief sich damals auf 30 Pfennig für Erwachsene und 20 Pfennig für Kinder. Im Wagen gibt es 32 Sitzplätze. Am schönsten ist die Fahrt jedoch auf einer der beiden Außenplattformen. Die Bausumme für die Bahn belief sich auf 222.352,13 Mark.

Während der Fahrt auf den 245 Meter hohen Neroberg muss die Bahn eine Steigung von bis zu 25 Prozent bewältigen. Sie gilt heute als technisches Kulturdenkmal.

> Eine ganz besondere Trauung bietet das Standesamt Wiesbaden an: An ausgewählten Tagen ist die Eheschließung während einer Fahrt mit der Nerobergbahn möglich.

Auf dem Luftweg in die Kurstadt

Wiesbaden ist auch über den Luftweg erreichbar. Heute jedoch nur noch für Angehörige des amerikanischen Militärs. Es gab aber eine Zeit, in der auch Privatpersonen Wiesbaden auf dem Luftweg ansteuern konnten.

Ursprünglich galoppierten Pferde, wo heute Flugzeuge starten und landen: 1910 eröffnete Wiesbaden vor den Toren der Stadt seine Rennbahn. Es galt den verwöhnten Kurgästen mehr Unterhaltung zu bieten, und Pferderennen waren en vogue. Auf den Wiesen von Erbenheim entstanden Rennplätze, Tribünen, Ställe und Verwaltungsgebäude.

Im September 1920 beschloss die Wiesbadener Stadtverordnetenversammlung, das Gelände der Pferderennbahn in Erbenheim zu kaufen. Gemeinsam mit der Stadt Mainz wurden Pläne
für den neuen Flugplatz geschmiedet. Im August 1927 erteilte
das Reichsverkehrsministerium schließlich die offizielle Genehmigung für den Bau. Die Stadt Wiesbaden fing einen Monat
später bereits mit den Bauarbeiten an, sodass am 8. September
1929 der Flugplatz feierlich eröffnet wurde. Die Mittelrheinische
Flughafen GmbH war die Betreibergesellschaft. Die zivile Luft-
fahrt hatte nur kurz Freude am neuen Flugplatz, denn 1936 be-
schlagnahmte die Deutsche Luftwaffe das Areal. Vom Flughafen Wiesbaden-Mainz, wie der offizielle Name lautete, wurden
Bombenangriffe auf London geflogen. Nach dem Zweiten Weltkrieg entstand in Erbenheim ein US-Militärflugplatz, der wichtig für die Berliner Luftbrücke war: die Versorgung des durch
die Sowjetunion blockierten West-Berlins aus der Luft. Der
Flugplatz Erbenheim war einer von acht Standorten, von wo die
sogenannten Rosinenbomber in Richtung Berlin starteten, um
die dortige Bevölkerung von Juni 1948 bis Juli 1949 mit Lebens-
mitteln zu versorgen. Maschinen wie die Douglas C-54 brachten
bis zu 80 Tonnen Fracht täglich nach Berlin-Tempelhof.

Zwischen 1948 und 1953 war der Flugplatz Erbenheim das Eu-
ropa-Hauptquartier der US Air Force. Im Jahr 1973 wurde das
US-Air-Force-Hauptquartier auf den Flughafen Ramstein verlegt und in Erbenheim die US Army stationiert. Seit 1998 lautet
die offizielle Bezeichnung Wiesbaden Army Airfield; es ist das
Hauptquartier der US-Armee in Europa.

Die Wiesbadener sind heute nicht ganz so begeistert von dem
beeindruckenden Flugplatz. Der Lärm stört viele Anwohner.
Doch die Amerikaner haben ein Einsehen und verringern die
Zahl ihrer Lufteinsätze. Mit rund 600 Flugbewegungen pro Monat müssen sich die Wiesbadener aktuell noch abfinden. Auch die
Zahl der stationierten Fluggeräte hat sich von 34 im Oktober 2015
auf aktuell 19 verkleinert.

Mit dem Bus bis nach Italien

Busreisen sind heute keine Seltenheit mehr. Der Ursprung der Reisebusse ist in Wiesbaden zu finden. Am 24. Mai 1913 gründete sich in der Kurstadt das Unternehmen »Blaue Kurautobusse«.

Diese steuerten nicht nur Sehenswürdigkeiten in Wiesbaden an, sondern begaben sich auf Exkursion in den Taunus oder den Rheingau. Abfahrt für Tagestouren war stets das Kurhaus. Hier sammelten sich alle Reisewilligen. Die »Blauen Kurautobusse« besaßen in der Regel fünf bis sechs Reihen und waren oben offen. Die ersten Touren gingen in das benachbarte Kurbad Langenschwalbach. Komfortabel war die Reise nicht. Ausflügler wurden auf den Fahrten mächtig durchgerüttelt. Das änderte sich jedoch in den 1920er-Jahren. Dank moderner Luftbereifung wurden die Ausflugsfahrten jetzt behaglicher. Mitte der 1930er-Jahre kamen zum Ausflugsverkehr die Fernreisen hinzu. So fuhren die Wiesbadener mit den »Blauen Kurautobussen« 1934 zu den Oberammergauer Passionsspielen sowie nach Oberbayern und ins Allgäu. 1936 wagte sich ein Blauer Kurautobus zum ersten Mal ins Ausland. Italien war das Ziel seiner Reise und das nicht zum letzten Mal. In den 1950er-Jahren erlebten die »Blauen Kurautobusse« mit dem Aufkommen des Massentourismus einen Boom. Sie gingen auf große Fahrt in die Schweiz, nach Österreich und natürlich nach Italien.

Das Ende der Weltkurstadt

Bis zum Ausbruch des Ersten Weltkrieges war Reichtum und Prunk in Wiesbaden zu Hause. Die Stadt konzentrierte sich ganz auf ihre Aufgabe als Weltkurstadt. Es galt die adligen und finanzstarken Kurgäste zu unterhalten. Das Hotel »du Parc & Bristol« welches in der prächtigen Wilhelmstraße lag, hatte für seine fürstlichen Gäste einen ganz besonderen Brauch. Mit einem speziellen Diamantstift durften die gekrönten Häupter ihre Unterschrift in ein Fenster, welches zur Straße ging, ritzen. Neben den Namen des deutschen Kaisers und der Kaiserin fanden sich auch die Unterschriften des letzten Zarenpaares oder des dänischen Königs Christian IX. (1818–1906).

Goldenes Buch

Seit 1902 besaß die Stadt Wiesbaden aber auch ganz offiziell ein »Goldenes Buch«, in dem sich prominente Gäste und Ehrenbürger der Kurstadt mit ihrer Unterschrift verewigen. Das Design geht auf den Stadtbaumeisters Felix Genzmer (1856-1929) zurück. Wiesbadener Goldschmiede und der Buchbindermeister Petmecky setzten den Entwurf in die Realität um und stifteten das Goldene Buch der Stadt. Auf der Innenseite des Buches befinden sich die Namen aller Spender. Obwohl es Goldenes Buch heißt, ist die Vorderseite in Silber gehalten und zeigt Wiesbaden um die Jahrhundertwende. Ebenfalls auf der Titelseite prangen das Wappen der Stadt, die Göttin der Gesundheit Hygieia sowie die Wappenschilder des Deutschen Reiches und Preußens. Auch die Innenseite des Buchdeckels ist sehenswert: blaue Seide, bestickt mit goldenen Lilien.

Der erste Eintrag stammt von Kaiser Wilhelm II. Bei seinem Besuch am 13. Mai 1902 kam das Goldene Buch das erste Mal zum Einsatz. Mit König Oskar II. von Schweden und Norwegen (1829–1907) sowie König Christian IX. von Dänemark verewigten sich noch im gleichen Jahr zwei weitere europäische Monarchen. Im Laufe der Jahre kamen unzählige Einträge hinzu. Präsidenten, Sportler, Musiker und Künstler – in dem 35 Kilogramm schweren Buch durften sich alle prominenten Besucher der Stadt verewigen. Die meisten Einträge finden im Festsaal des Rathauses statt. Bei größeren Empfängen und Veranstaltungen bietet sich das Kurhaus oder das Stadtschloss an.

> Jeder kann im Goldenen Buch der Stadt Wiesbaden blättern. Die digitale Welt macht es möglich – die Onlineversion auf der Homepage der Stadt Wiesbaden steht allen Interessierten zur Verfügung.

Kunst, Natur und Altertum unter einem Dach

Als letzter Großbau, der vor dem Ersten Weltkrieg in Wiesbaden begonnen wurde, entstand das Museumsgebäude an der heutigen Friedrich-Ebert-Allee. Fertiggestellt wurde der Gebäudekomplex im Kriegsjahr 1915. Bauherrin war die Stadt Wiesbaden, welche die Museumssammlung kurz zuvor vom preußischen Staat übernommen hatte. Auf Betreiben des Oberbürgermeisters Carl von Ibell (1847–1924) hatte die Stadt mit der preußischen Regierung am 20. Oktober 1899 einen Vertrag geschlossen, wonach die Sammlungen in den Besitz der Stadt zu überführen waren. Wiesbaden verpflichtete sich hingegen, auf dem von Preußen zur Verfügung gestellten Grundstück ein geeignetes Gebäude zu errichten. An der Ecke Rhein- und Kaiserstraße nimmt Architekt Theodor Fischer (1862–1938) das Projekt in Angriff. Die Grundsteinlegung für den dreiflügeligen Neubau fand 1913 statt.

Das Landesmuseum an der Friedrich-Ebert-Allee in Wiesbaden

Die Gemäldegalerie öffnete am 1. Oktober 1915 ihre Pforten für Besucher. Eine Hälfte des Kunstmuseums war für wechselnde Ausstellungen reserviert, welche der Nassauische Kunstverein organisierte. In den 1920er- und 1930er-Jahren trugen Wiesbadener Bürger zur Erweiterung der Kunstsammlung um einige wichtige Exponate bei.

1915 zog auch die naturwissenschaftliche Sammlung in den Neubau ein. Für die breite Öffentlichkeit war das Naturwissenschaftliche Museum sowie das Museum Nassauischer Altertümer erst nach dem Ersten Weltkrieg wieder zugänglich. Die naturwissenschaftlichen Sammlungen zeigten insbesondere systematische Ausstellungen zu Themen der Geologie, Paläontologie und Biologie. Den Zweiten Weltkrieg konnten die Sammlungen zum größten Teil unbeschadet überstehen. Ab den 1950er-Jahren baute Clemens Weiler, der damalige Direktor des Kunstmuseums, eine Sammlung mit Werken des Künstlers Alexej von Jawlensky auf. Seit 1973 ist das Museum Wiesbaden im Besitz des Landes Hessen. An den Ausstellungsschwerpunkten hat sich bis heute nichts geändert. Das Museum beinhaltet die Kunstsammlung sowie die Naturhistorischen Sammlungen. Die Sammlung Nassauischer Altertümer ging 2010 an eine städtische Trägerschaft über.

Die Gründung des Wiesbadener Museums geht auf die Bürger der Stadt und den 1814 sowie 1815 in Wiesbaden weilenden Johann Wolfgang von Goethe zurück, der die Bildung einer solchen Kultureinrichtung angeregt hatte. Er veranlasste 1825 den Frankfurter Privatsammler Johann Isaak von Gerning (1767–1837), seine umfangreichen Sammlungen von Kunstwerken, Altertümern und Naturalien dem Herzogtum Nassau gegen Zahlung einer Leibrente zur Verfügung zu stellen.

Krieg statt Glamour

Wiesbaden war in der Tat um die Jahrhundertwende zu einer Weltkurstadt aufgestiegen. Sorgen, Ärger oder womöglich ein Krieg hatten in dieser Umgebung nichts verloren. Der Beginn des Ersten Weltkrieges am 1. August 1914 nahm Wiesbaden seinen Glanz und seine finanzielle Grundlage. Kurgäste und Privatiers verließen die Stadt. Mit einem Mal blieben auch die zahlungskräftigen Gäste aus dem Ausland, die Engländer und Franzosen, vor allem aber die reichen Russen aus. Kein Wunder, zählten sie jetzt doch zur Kategorie »feindlicher Ausländer«. Damit Wiesbaden nicht im Arbeitslosenelend versank, war der Aufenthalt in der Kurstadt für »unverdächtige Angehörige des neutralen Auslands« gestattet. Es kam dennoch, wie es kommen musste. In die leerstehenden Hotels wurden Soldaten einquartiert, da die wenigen Kasernen in der Stadt den Massen von Kriegsfreiwilligen nicht gewachsen waren. Vielen Hotelbetrieben drohte dennoch der finanzielle Ruin, da Gäste fernblieben. Wiesbaden bemühte sich daher verstärkt um die Aufnahme von verwundeten Soldaten. Dadurch erhielt die Stadt Unterstützung vom Reich.

Am 22. Oktober 1915 wurde das Deutsche Genesungsheim für Angehörige der Armee und Marine in Wiesbaden gegründet. Seine Aufgabe war es, kostenlose Pflege und Unterkunft für Soldaten zur Verfügung zu stellen. Aber nicht nur einheimische Truppen waren Nutznießer, auch Offiziere verbündeter Staaten durften das Angebot in Anspruch nehmen. Bald sahen die Wiesbadener Angehörige der österreichisch-ungarischen Armee durch ihre Stadt flanieren. Später kamen die Soldaten und Offiziere der bulgarischen Armee und des Osmanischen Reiches hinzu. Gegen eine geringe Gebühr konnten sie die Kureinrichtungen nutzen, welche seit Ausbruch des Krieges brachlagen. Die Stadtväter dachten aber auch an die eigene Bevölkerung. Wiesbaden richtete eine Erwerbslosenfürsorge für die über vier Millionen Arbeitslosen ein. Der Hunger ging dennoch in der Stadt umher. Nahrung fehlte, vor allem nachdem 1916 die Kartoffelernte unsagbar schlecht ausgefallen war. Die Stadt sah sich damals zu drastischen Maßnahmen gezwungen. Auf freien Flächen, wie auf dem 1908 neu angelegten Südfriedhof, musste die Stadtgärtnerei Gemüse ziehen. Schuhe oder Kleider waren fast gar nicht zu bekommen und die Lage wurde katastrophal, als 1918 Wiesbaden seinen ersten Bombenangriff erlebte und viele Wohnhäuser zerstört wurden. Die einstige Weltkurstadt war nach vier Jahren Krieg ins Bodenlose gestürzt und zu einem Armenhaus geworden.

Französische Besatzer

Die Situation im gesamten Kaiserreich war trostlos. Am 9. November 1918 dankte Kaiser Wilhelm II. ab. Bis zum 18. Dezember desselben Jahres übernahm ein Arbeiter- und Soldatenrat die Regierungsgeschäfte und ließ sich im Stadtschloss nieder. Das befürchtete Chaos nach der Abdankung blieb glücklicherweise aus.

Der Arbeiterrat bemühte sich nach bestem Gewissen, Wiesbaden diszipliniert in die neue Ära zu führen. Am 11. November 1918 vereinbarten die Kriegsparteien einen Waffenstillstand. Bessere Zeiten standen für Wiesbaden aber nicht ins Haus. Der Waffenstillstandsvertrag sah vor, dass Frankreich die linksrheinischen Gebiete besetzte, zu denen Wiesbaden, Mainz, Koblenz und Köln zählten.

Im Dezember 1918 marschierten daher französische Besatzungstruppen in Wiesbaden ein und stellten ab sofort die Regierung. Doch das Leben für die verbliebenen Bürger wurde nicht besser. Wiesbaden war vom Rest des Reiches abgeschnitten, und an Nahrungsmitteln fehlte es noch immer. Die französischen Besatzer ließen hingegen ihre Muskeln spielen. Wiesbadener hatten französischen Offizieren unverzüglich Platz zu machen, wenn sie diese auf der Straße trafen. Der öffentliche Verkehr war nur zwischen sechs Uhr früh und acht Uhr abends erlaubt, das Telefonieren anfangs komplett verboten. Als im Januar 1920 der Versailler Friedensvertrag in Kraft trat, änderte sich für die Wiesbadener Bevölkerung nichts. Lebensmittel und Brennholz waren nach wie vor knapp. Doch die Bürger ließen sich nicht unterkriegen und wurden Selbstversorger. Die Anzahl der Kleingärten vervierfachte sich.

Am 2. Juni 1919 rief eine Gruppe von Separatisten die »Rheinische Republik« aus. Anführer der Revoluzzer war der ehemalige Staatsanwalt Dr. Adam Dorten (1880–1963). Regierungssitz des neuen Staates sollte Wiesbaden sein. Die französischen Besatzer waren mit der Gründung des neuen Staates einverstanden, die Bewohner Wiesbadens jedoch nicht. Da auch die anderen rheinischen Städte der Republik nicht beitreten wollten, verlief die Angelegenheit im Sand.

1921 wurde das »Wiesbadener Abkommen« zwischen Frankreich und Deutschland über die Reparationsverpflichtungen geschlossen. Die Gesamtschuld der Deutschen legten die Alliierten nach einigem Hin und Her auf 132 Milliarden Reichsmark fest. Zu diesem Zeitpunkt reisten auch wieder Kurgäste an, vornehmlich aus Frankreich. Da die Kurgäste Unterhaltung forderten, beschlossen die französischen Besatzer, Pferderennen auf dem Erbenheimer Rennplatz zu veranstalten.

Französische Besetzung des Rheinlandes 1923

Britisches Hauptquartier

1926 zogen die Franzosen ab. Doch sein eigener Herr war Wiesbaden noch lange nicht. Es glich eher einem Stabwechsel, denn jetzt übernahm die britische Rheinarmee das Kommando. Wiesbaden wurde auserkoren, als britisches Hauptquartier zu dienen. Im selben Jahr vergrößerte sich die Stadt. Politiker hofften, so die wirtschaftlichen Probleme in den Griff zu bekommen: Eingemeindet wurde die Industrie- und Arbeiterstadt Biebrich, gemeinsam mit Sonnenberg und Schierstein. Die zweite Eingemeindungswelle ließ nicht lange auf sich warten. Dotzheim, Erbenheim, Bierstadt, Frauenstein, Heßloch, Igstadt, Kloppenheim und Rambach sind seit 1928 Stadtteile von Wiesbaden.

Mit dem Besatzungswechsel hegte die Stadt die Hoffnung, dass der Kurbetrieb wieder in Schwung kam, der immer noch auf Sparflamme lief. Zwar waren die Gästezahlen seit 1921 wieder gestiegen, aber es war kein Vergleich zu den Vorkriegsjahren. Das galt auch für das Kurpublikum. Carl Hagemann (1871–1945), Intendant des Staatstheaters, beklagte sich: »Jetzt nach Kriegsende nahm die Zahl der fragwürdigen Elemente wieder zu. Wie andere große Badeorte wurde auch Wiesbaden zum Tummelplatz für Neureiche und Schiebertypen aller Art, die nach oben drängten, zu Hause aber nicht recht vorankamen und deshalb nach einer Stadt von mehr neutralem Charakter suchten, wo sie mit Hilfe ihres Geldes und ihrer Unverfrorenheit im Auftreten die ersehnte Rolle spielen konnten.«

1923 war Wiesbaden zu einer günstigen Großstadt geworden, was für Ausländer attraktiv war. Damals wechselten große Hotels zu Spottpreisen ihre Besitzer. Der Nassauer Hof wie das Palasthotel erhielten ausländische Eigentümer. Ungünstig auf den Kurbetrieb wirkten sich jedoch die Zollgrenzen und der Passzwang bei der Einreise nach Wiesbaden aus. Im September 1924 wurden die Kontrollen aufgehoben und die Kurverwaltung bemühte sich, mit verschiedenen Aktivitäten Gäste in die Stadt zu locken. Kongresse und Tagungen fanden in Wiesbaden statt, Tennisanlagen und Golfplätze entstanden. Die zahlungskräftige Klientel sollte Wiesbaden wieder als Urlaubs- und Erholungsort entdecken. Trotz aller Bemühungen konnte die ehemalige Weltkurstadt aber nicht an die glanzvollen Zeiten der Jahrhundertwende anknüpfen.

Über Pfingsten ist in Wiesbaden mächtig was los. An vier Tagen findet im Biebricher Schlosspark ein Reitturnier auf höchstem Niveau statt. Internationale Stars aus den Bereichen Dressur, Springen, Vielseitigkeit und Voltigieren sind Teilnehmer beim Pfingstturnier, das 2016 zum 80. Mal über die Bühne ging. Der Wiesbadener Reit- und Fahrclub (WRFC) organisiert seit 1929 das Reitturnier. Damals fand es auf dem Sportplatz Kleinfeldchen statt und Reiter aus Wiesbaden, Frankfurt und Darmstadt waren am Start. Mittlerweile hat sich der ehemals lokale Wettbewerb zu einer festen Größe im internationalen Turniersport entwickelt.

Das Hakenkreuz weht
über der Stadt

In Wiesbaden hat sich die NSDAP in den Jahren 1932 und 1933 zur stärksten politischen Partei entwickelt. Lag der Stimmenanteil 1932 bei 43,3 Prozent, stieg er im März 1933 auf 48,5 Prozent an. Bereits mit dem ersten großen Wahlsieg begann der braune Terror in Wiesbaden. In der Silvesternacht 1932/33 überfielen Angehörige der SA Mitglieder der Eisernen Front, ein Zusammenschluss aus SPD, freien Gewerkschaften und Arbeitersportverbänden. Die Mitglieder der Eisernen Front waren mit ihren Frauen auf dem Nachhauseweg von einer Silvesterfeier, als die SA mit Eisenstangen und Holzstöcken auf sie einschlug. Nur einen Monat später berichtete die Zeitung »Volksstimme« von einem SA-Überfall auf vier Arbeiterinnen und Arbeiter, die durch Schüsse schwer verletzt wurden.

Am 7. April 1933 brachte die NSDAP das »Gesetz zur Wiederherstellung des Berufsbeamtentums« auf den Weg. Es bildete die Grundlage, um alle unliebsamen Lehrer, Beamten, Stadträte und Angestellten des öffentlichen Dienstes aus ihren Ämtern zu werfen. Volkshochschulen mussten im Herbst 1933 schließen. An ihre Stelle traten die Volksbildungsschulen der NSDAP.

Widerständler, Gewerkschafter und Kommunisten flohen vor den neuen Herren im Stadtparlament und agierten fortan aus dem Untergrund.

Wiesbaden war zu dieser Zeit eine der wirtschaftlich schwächsten Großstädte im Deutschen Reich. 1934 wurde die einstige Weltkurstadt zur Notstandsgemeinde erklärt. Die NSDAP förderte ein Arbeitsbeschaffungsprogramm, bei dem Fürsorgeempfängern die Aufgabe oblag, leerstehende Häuser zu reparieren und renovieren. Es entstanden ein Volksfreibad sowie ein Hallenbad, und die innerstädtischen Verkehrsverbindungen verbesserten sich, indem nach und nach 75 Omnibusse angeschafft wurden. Bis zum Ausbruch des Zweiten Weltkrieges hatte sich der städtische Haushalt einigermaßen erholt.

> Der Führer höchstpersönlich ließ sich in Wiesbaden blicken. Am 20. März 1935 besuchte Adolf Hitler die Stadt. Er stieg im Hotel Rose ab und wurde von seinen Anhängern frenetisch bejubelt.

Deutsch-Französische Waffenstillstandskommission

Deutschland und Frankreich befanden sich seit dem 3. September 1939 im Krieg. Zu Kampfhandlungen kam es vorerst nicht. Das änderte sich jedoch am 10. Mai 1940. An diesem Tag wagten die deutschen Truppen einen Vorstoß in das Grenzgebiet Ardennen und überrannten förmlich das französische Militär. Wer konnte, floh aus der Region in Richtung Süden. Die französische Regierung machte es ihrer Bevölkerung gleich, verließ Paris und bezog Quartier in Vichy. Die Lage sah schlecht aus. Frankreich wollte seine Souveränität nicht aufgeben und schon gar nicht vor dem deutschen Feind kapitulieren. Marschall Philippe Pétain (1856–1951) sollte Frankreich aus der misslichen Lage befreien. Das konnte jedoch nur gelingen, wenn die Kampfhandlungen mit Deutschland eingestellt wurden. Ein Waffenstillstand musste ausgehandelt werden. Deutschland erklärte sich bereit, keinen Verwalter für Frankreich einzusetzen, und daher unterzeichneten Wilhelm Keitel (1882–1946) und Charles Huntziger (1880–1941) am 22. Juni 1940 das Waffenstillstandsabkommen. Darin fand sich in Artikel 22 die Bedingung: »Die Durchsetzung des Waffenstillstandsvertrags regelt und überwacht eine deutsche Waffenstillstandskommission, die ihre Tätigkeit nach den Weisungen des deutschen Oberkommandos ausübt.« Es musste also ein Gremium ins Leben gerufen werden, welches sich mit den Fragen rund um den Waffenstillstand auseinandersetzte. Am 30. Juni 1940 nahm daher die Deutsche Waffenstillstandskommission mit Sitz in Wiesbaden ihre Arbeit auf. Einer französischen Abordnung oblag die Aufgabe, die Anweisungen der Deutschen Waffenstillstandskommission entgegenzunehmen und der französischen Regierung zu überbringen, die für die Umsetzung zu sorgen hatte. Umgekehrt überbrachte die französische Abordnung Vorschläge und Wünsche ihrer Regierung. Die Kommission bestand auf beiden Seiten aus Militärangehörigen, Beamten und Zivilangestellten. Die Mitglieder des deutschen Gremiums lebten und arbeiteten im Hotel Vier Jahreszeiten sowie im Nassauer Hof. Die französische Delegation residierte im Hotel Rose. Tagungen der Waffenstillstandskommission fanden im Festsaal des Nassauer Hofs statt. Mitglieder des Gremiums genossen in ihrer freien Zeit die örtliche Gastronomie wie das Café Maldaner oder das Gasthaus Köhler in Sonnenberg.

Kein Erbarmen mit der Kurstadt

Noch in den Jahren zwischen 1937 und 1939 versuchte die Hitlerregierung, Wiesbaden wieder als Kurstadt zu etablieren. Allerdings sollten diesmal nicht die Schönen und Reichen in den Genuss des Thermalwassers kommen, sondern das Regime propagierte die Volkskur für jedermann. Mit Beginn des Krieges war es jedoch vorbei mit dem Kuren. Auch wenn Wiesbaden zunächst weitgehend von Angriffen verschont blieb, so wurde die Situation auch hier immer ungemütlicher. Schulbildung gab es in dieser Zeit nicht. Der Unterricht fiel häufig aus, vor allem während der Luftangriffe. Schulgebäude wurden zerstört oder beschlagnahmt. Lehrer und Schüler waren angewiesen, bei der Ernte oder bei Materialsammlungen zu helfen. In der städtischen Verwaltung fehlten über 500 Angestellte, weil sie ihren Dienst an der Waffe ausübten. Pensionäre und Aushilfen mussten ran, weil monatlich 250 Beschäftigte nötig waren, um die Lebensmittelkarten zu verteilen. Die Reichskleiderkarten gaben Oberschüler aus. Da Lebensmittel zunehmend knapper wurden, fing die Bevölkerung zu hamstern an. Fleisch, Brot, Butter oder Kohle zum Heizen waren nur schwer zu bekommen. Selbst die Krankenhäuser hatten im Jahr 1942 nur für ungefähr zehn Stunden am Tag Heizstoff.

Der Kurbetrieb kam in den Kriegsjahren fast zum Erliegen. Der Fokus lag nicht mehr auf dem reichen Hochadel, sondern auf verletzten Soldaten. Menschen aus den Gebieten des späteren Landes Nordrhein-Westfalen, die aufgrund ihrer Industriestandorte viele Bombardierungen über sich ergehen lassen mussten, kamen nach Wiesbaden, um mal wieder eine ungestörte Nacht zu haben. Je länger der Krieg andauerte, desto mehr litt auch Wiesbaden unter Luftangriffen. Am 4. Oktober 1943 fielen 76 Sprengbomben auf die Stadt, 29 Menschen kamen dabei ums Leben. Im Jahr 1944 kam die Stadt nicht mehr zur Ruhe. Unzählige Bomben explodierten bei Luftangriffen in der einstigen Weltkurstadt. Im Fokus hatten die Alliierten vor allem die Sektkellerei Henkell, die Firmen Kalle und Dyckerhoff, den Flugplatz Erbenheim, den Bahnhof sowie die Gleisanlagen. Auch die Wohngebiete wurden nicht verschont. Zahlreiche Wohnungen waren ausgebombt. Die Menschen hausten zum Teil in ihren Kellerräumen, weil die öffentlichen Luftschutzbunker überfüllt waren. Wer konnte, verließ die Stadt.

Den schlimmsten Angriff erlebte Wiesbaden jedoch in der Nacht vom 2. auf den 3. Februar 1945. Innerhalb von nur einer Stunde prasselten 27.000 Bomben auf Wiesbaden nieder. 516 Personen starben, 400 wurden verletzt und 30.000 Menschen verloren ihr Dach über dem Kopf. Die einzelnen Brände verwandelten die Stadt in ein einziges Flammenmeer. Nach diesem verheerenden Angriff war ein Drittel von Wiesbaden zerstört. Trotzdem war die Stadt im Vergleich zu Frankfurt oder Darmstadt glimpflich davon gekommen.

Als Hitler erkannte, dass ein Sieg gegen die Alliierten aussichtslos war, galt es denjenigen, die Wiesbaden in ihren Besitz bekommen sollten, ein Höchstmaß an Chaos zu hinterlassen. Die NS-Verwaltung in Wiesbaden wurde angewiesen, Infrastruktur sowie Versorgungsbetriebe zu zerstören. Die Verwaltung sollte aufgelöst und alle belastenden Akten vernichtet werden. NS-Gauleiter Jakob Sprenger gab am 24. März 1945 den Befehl an die Bevölkerung, Wiesbaden zu räumen. Doch Führungspersönlichkeiten aus der Verwaltung widersetzten sich dem Befehl. Die Wehrmacht verließ am 28. März 1945 die Stadt. Nur wenige schlossen sich ihnen an. Die Rheinfront war endgültig zusammengebrochen und auf dem Bunker am Museum wehte die weiße Fahne. Gegen Mittag des 28. März 1945 nahmen die Amerikaner Wiesbaden kampflos ein.

Das Leid der Juden

Wie im gesamten Deutschen Reich hatten auch in Wiesbaden die jüdischen Bürger unter den Nationalsozialisten stark zu leiden. Immerhin fruchtete weder der »Judenboykott« von 1. April 1933 noch die »Kauft-nicht-bei-Juden«-Aktion in der Wiesbadener Gesellschaft. Das schützte die jüdischen Bürger jedoch nicht vor den Angriffen. Bereits kurz nach der Machtübernahme der NSDAP im Jahr 1933 kam es zu ersten Todesopfern. Zwei Juden wurden auf offener Straße ermordet. In der von den Nationalsozialisten sogenannten Reichskristallnacht vom 9. auf den 10. November 1938 wurde die Synagoge am Michelsberg in Brand gesteckt. Das Feuer konnte schnell gelöscht werden. Doch einige Stunden später loderte das jüdische Gotteshaus erneut lichterloh, und brannte bis auf die Grundmauern nieder. Die Feuerwehr hätte die Synagoge retten können, musste aber auf Geheiß des Propagandaministeriums ihren Schutz auf die benachbarten Häuser beschränken. Auch die Synagogen in Schierstein und

Biebrich erlagen dem faschistischen Flammenmeer. Von den 3500 Mitgliedern der jüdischen Gemeinde im Jahr 1933 waren im Januar 1942 nur noch 1000 übrig. Etwa der Hälfte der Gemeindemitglieder war die Flucht ins Ausland geglückt. Die andere Hälfte beging Selbstmord oder geriet in die Finger des nationalsozialistischen Regimes. Von 1938 an wurden jüdische Bürger systematisch in Lager verfrachtet. Am 28. Oktober sowie am 10. November 1938 wurden alle in Wiesbaden lebenden Ostjuden nach Polen verschleppt. Im Frühjahr 1942 erfolgte die nächste Deportationswelle. 514 jüdische Bürger und Bürgerinnen wurden in Vernichtungslager verschleppt. Von den Überlebenden kehrte nach 1945 nur etwa ein Dutzend in die Stadt zurück.

Holocaust-Mahnmal am Michaelsberg Wiesbaden

Was würde Jesus dazu sagen?

Der Name Martin Niemöller (1892–1984) ist in der Wiesbadener Geschichte fest verankert. Niemöller war ein Mann, der kein Blatt vor den Mund nahm und sich vor Unannehmlichkeiten nicht scheute. Sei es in der Regierungszeit der NSDAP oder im Nachkriegsdeutschland. Unrecht gegen die staatliche Kirchenpolitik war ihm zuwider. Im Jahr 1935 brachte den Pfarrer seine Haltung das erste Mal in Schwierigkeiten und die Nazis steckten ihn in den Knast. Der in Lippstadt geborene Theologe ließ sich

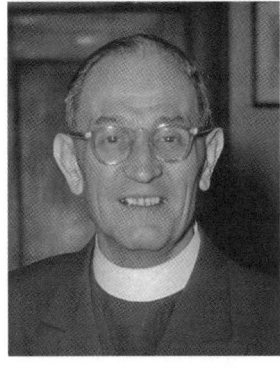

oben: Martin Niemöller 1952
rechts: Niemöllers Haus in
Wiesbaden, Brentanostraße

sein ganzes Leben von einem Spruch leiten: »Was würde Jesus
dazu sagen?« Seine Aufgabe sah er darin, das »Evangelium von
Jesus Christus unter die Leute zu bringen«. Sein Glaube gab ihm
die Kraft, auch dem »Führer« Kontra zu geben. So soll Niemöller sich in der Berliner Reichskanzlei einen verbalen Schlagab-
tausch mit Hitler geliefert haben, aus dem der Pfarrer als Sieger
hervorging.

Niemöller jedoch bezahlte seine Glaubenstreue und seine Un-
beugsamkeit mit mehreren Jahren Haft, zu der ihn die Nazis
verurteilten. Am 1. Juli 1937 wurde der Theologe verhaftet, da er
wegen 40 Vergehen angeklagt war. Unmittelbar vor seiner Verhaftung predigte er noch einmal in verschiedenen Wiesbadener
Kirchen und scheute sich nicht davor, die staatlich verordnete
Rassenideologie und Verfolgung der Juden von der Kanzel he-
rab heftig zu kritisieren. Am 2. März 1938 wurde Martin Niemöller zu sieben Monaten Gefängnis verurteilt, die er jedoch
durch seine Untersuchungshaft bereits verbüßt hatte. Ein freier
Mann war Martin Niemöller aber noch lange nicht. Gleich am
Ausgang des Gerichtsgebäudes wartete die Gestapo auf den Re-
gimekritiker, um ihn zu verhaften. Als »persönlicher Gefange-

ner« Adolf Hitlers landete der Theologe im Konzentrationslager Sachsenhausen, aus dem er erst 1945 befreit werden konnte.

Auch im Nachkriegsdeutschland hatte Martin Niemöller keine Scheu, seine Meinung öffentlich kundzutun. Er forderte seine Mitmenschen auf, sich einzumischen und die politische Mitsprache »endlich beim Wort zu nehmen«. Niemöller selbst machte starken Gebrauch von seinem Mitspracherecht. Er kritisierte die Gründung der Bundesrepublik Deutschland, die seiner Meinung nach in »Rom gezeugt und in Washington geboren« war, ließ kein gutes Blatt an der Wiederbewaffnung Deutschlands und scheute sich nicht davor, die Positionen der Kirche im Kalten Krieg sowie die Rüstungspolitik der Großmächte anzuprangern. Seit dem Frühjahr 1946 gestaltete Martin Niemöller den Aufbau der hessen-nassauischen Kirche mit, deren Präsident er von 1945–1955 war. Niemöller war nie in einem politischen Amt tätig, und nie besaß er ein Parteibuch. Er wollte Seelsorger sein, Verkünder des Worts. »Das ist meine Leidenschaft, ich will das Evangelium so verkündigen, daß der Mensch in seiner Gegenwart angesprochen wird, ich will als Prediger hineinreden in die konkrete Gegenwart des Menschen.« Sein langes, streitbares Leben endete 1984 in Wiesbaden, wo er seit dem Ende des Zweiten Weltkrieges gelebt hatte.

Christlicher Widerstand

Der nationalsozialistische Terror richtete sich bald auch gegen die Christen im Land. Am 20. Juli 1933 vereinbarten der Papst und das Deutsche Reich, dass die katholische Kirche weiterhin frei ihre Religion ausüben durfte. Im Gegenzug verpflichtete sie sich zur politischen Neutralität. Alle Bischöfe mussten einen Treueeid auf den nationalsozialistischen Staat ablegen. Dies missfiel vielen Christen. Sie wandten sich von der offiziellen Kirche ab und schlossen sich zu neuen Glaubensgemeinschaften zusammen.

In Wiesbaden scharte Martin Niemöller ein Drittel der ortsansässigen Pfarrer um sich, und gemeinsam gründeten sie gegen Ende des Jahres 1933 den »Pfarrernotbund«. Die neu formierte Gemeinde der »Bekennenden Kirche«, die sich stark von der nationalsozialistischen Politik distanzierte, zählte schnell mehrere Hundert Mitglieder. Einige Pfarrer wurden noch im gleichen Jahr strafversetzt, Martin Niemöller 1937 verhaftet. Auch die katholische Kirche litt unter den Repressalien der Hitlerregierung. Die katholische Akademie wurde aufgelöst, ihr Vermögen konfisziert. Die NSDAP drohte, Häuser der katholischen Kirche zu beschlagnahmen. Die Partei übernahm die kirchlichen Kindergärten und im August 1944 das Augustinusheim für Lehrlinge in der Mainzer Straße. Die Gestapo zog in die Räumlichkeiten ein, um auf dem Gelände Exekutionen durchzuführen.

Viele Christen in Wiesbaden waren verunsichert. Es tauchten immer wieder kirchliche Schriften auf, welche die NSDAP sowie ihre judenfeindliche Politik anprangerten und die Menschen vor den Praktiken der Partei warnten. Die Mahnungen hinderten Teile der Wiesbadener Bevölkerung nicht daran, notleidenden und verfolgten Mitbürgern zu helfen. Sie gewährten ihnen Unterschlupf oder unterstützten sie bei der Flucht. Hans Buttersack, ein Mitglied der »Bekennenden Kirche«, war Rechtsanwalt. Er galt als konservativer, aber streng gläubiger Christ. Buttersack engagierte sich als Rechtsberater der Organisation und setzte sich als Rechtsbeistand für die Verteidigung von Christen und Juden ein, die von den Nationalsozialisten wegen ihrer religiösen Haltung verfolgt wurden. 1938 verhaftete ihn die Gestapo zum ersten Mal. Sieben Wochen war Hans Buttersack im Polizeigefängnis in der Friedrichstraße inhaftiert. Seine nächste Verhaftung erfolgte am 6. Mai 1943. Zuerst brachten ihn die Nazis ins Konzentrationslager, bevor Hans Buttersack ins Außenlager Haunstetten bei Augsburg kam. Hier arbeitete Buttersack als Zwangsarbeiter für die Messerschmitt AG. Im Februar 1944 wurde er bei einem Luftangriff verletzt und anschließend erneut nach Dachau verlegt. Zwei Monate vor der Befreiung des Lagers erlag er am 12. Februar 1945 den Folgen eines Blasenleidens und des Fleckfiebers.

Bürgerlicher Widerstand

Ein anderer Mann, der nicht im Sinne der NSDAP funktionierte, war Heinrich Roos (1906–1988). Nach der Machtübernahme der Nationalsozialisten erfolgte Roos' Entlassung aus dem öffentlichen Dienst. Dagegen klagte er und erreichte, dass er rund eineinhalb Jahre später wieder eingestellt werden musste. Roos, der als »nicht kriegsverwendungsfähig« galt, war bis 1945 im Steueramt Wiesbaden tätig. Als überzeugter Gegner des NSDAP-Regimes leistete er so gut es ging Widerstand. Er half Juden, die aufgrund der nationalsozialistischen Verfolgungsmaßnahmen gezwungen waren, das Reich zu verlassen, ihre Häuser und Geschäfte zu einem möglichst fairen Preis zu verkaufen. Darüber hinaus bemühte sich Roos, politisch Verfolgte vor bevorstehenden Aktionen der NS-Behörden zu warnen oder sie, sofern sie in wirtschaftliche Not geraten waren, materiell zu unterstützen. Seine Hilfsmaßnahmen gelangen vor allem, weil Roos gute Kontakte zu vielen überzeugten Gegnern der nationalsozialistischen Herrschaft unterhielt. Dazu gehörten beispielsweise der Erbenheimer Landwirt Wilhelm Steiger oder die Kaufleute Konrad Reeh und Ludwig Schwenck, die Obst und Gemüse, Lebensmittelkarten oder Wäsche an Verfolgte lieferten. Hinzu kamen Männer wie der Telegrafeninspektor Karl Schneider, der Roos über bevorstehende Telefonabhöraktionen informierte, oder der Kriminalkommissar Werner van Look, der vor Maßnahmen der Gestapo warnte. Dank großer Vorsicht wurde der Widerstandskreis rund um Heinrich Roos, zu dem Regierungspräsident Martin Nischalke, der kommunistische Maler Adolf Noetzel, der Nervenarzt Dr. Friedrich Mörchen sowie der KPD-Funktionär Andreas Hoeve gehörten, von den Nationalsozialisten nie aufgedeckt.

Mut und starker Wille

Die Statue eines sich aufbäumenden Pferdes mit wallender Mähne können Besucher auf dem Wiesbadener Luisenplatz bestaunen. Es handelt sich um das Oraniendenkmal, welches dem 1. Nassauischen Feldartillerie-Regiment Nr. 27 Oranien gewidmet ist. Im Ersten Weltkrieg haben viele Wiesbadener in diesem Regiment gedient. Auch Hermann Kaiser (1885–1945), dem die Stadt dieses Denkmal zu verdanken hat. Sieben Jahre setzte er sich voller Inbrunst für die Errichtung der Statue ein. Das Andenken an seine gefallenen Kameraden wollte er hochhalten. Sein starker Wille brachte Hermann Kaiser mehr als einmal in Schwierigkeiten. Zum Beispiel als er sich während des Ersten Weltkrieges dem Befehl eines ranghöheren Offiziers widersetzte. Kaiser war ein mutiger Mann, dem stets das Wohl seines Vaterlandes am Herzen lag. Bereits 1912 kam der Lehrer für Geschichte und Kunstgeschichte an die Oranienschule nach Wiesbaden. Die Kurstadt wurde seine neue Heimat. Als zu Beginn der 1930er-Jahre die wirtschaftliche Situation in Wiesbaden den Bach runterging, schloss sich der Pädagoge der aufstrebenden NSDAP an. Seine Begeisterung für die neue Partei währte jedoch nicht lange und bereits bei der feierlichen Eröffnung des Oraniendenkmals erwähnte Hermann Kaiser als Hauptredner kein einziges Mal den Namen Hitler. Dafür begrüßte er mit bewegter Stimme als Vorsitzender der 27er-Vereinigung die Einweihungsgäste: »Mit großer Sehnsucht haben wir auf diesen Tag gewartet, und aus brennendem Herzen eilen unsere Gedanken hinüber zu den grünen Hügeln, unter denen unsere Gefallenen ruhen …«

Aus seiner politischen Einstellung machte Hermann Kaiser kein Geheimnis. Der Lehrer nahm kein Blatt vor den Mund und sagte zu Freunden über Hitler: »Nur beseitigen hilft.« Gegenüber seinen Schülern, die ihn als »Cäsar« verehrten, tat er seinen Unmut über Hitlers Politik kund. In seiner Schule galt er als unbequemer Lehrer. Statt seine Schüler mit »Heil Hitler« zu begrüßen, sagte Kaiser damals das Wort »Heil Blücher«. Mit Beginn des Zweiten Weltkrieges musste Kaiser erneut den Militärdienst antreten. Der Pädagoge wird Hauptmann im Oberkommando des Heeres und als »Kriegstagebuchführer« schließlich dem Stab des Chefs der Heeresführung zugeteilt. Schockiert durch das organisierte Verbrechen der Judenvernichtung, wendete sich der Studienrat mehr und mehr dem Widerstand zu. Er nutzte seine nach außen unauffällige Stellung im Stab von Generaloberst von Fromm zur Vermittlung zwischen zivilem und militärischem Widerstand. Während des Attentats auf Adolf Hitler am 20. Juli 1944 befand Kaiser sich in Kassel. Dort wurde er am 21. Juli verhaftet. Gestapoleute brachten den 59-Jährigen ins berüchtigte Berliner Hauptquartier an der Prinz-Albrecht-Straße. Die Verhandlung von Hermann Kaiser vor dem Volksgerichtshof ist legendär. Der als Blutrichter bekannte Roland Freisler beschimpfte den Angeklagten aufs Schlimmste. Doch der Wiesbadener Pädagoge blieb sich treu. Ruhig und gelassen nahm er die Anschuldigung sowie das Urteil hin. Am 23. Januar 1945 wurde Hermann Kaiser im Gefängnis Berlin-Plötzensee hingerichtet. Der Spruch auf »seinem« Wiesbadener Oraniendenkmal »Dem Vaterland getreue bleib ich bis in den Tod« hatte nun einen gänzlich anderen Sinn erhalten. Eine Plakette am Sockel des Oranien-Denkmals erinnert an den Wiesbadener Widerstandskämpfer mit der Inschrift »Sein Lebensweg ist eine Mahnung gegen Krieg und Unmenschlichkeit«.

Der Wiesbadener Luisenplatz: Im Vordergrund das Oraniendenkmal, im Hintergrund die Bonifatiuskirche

Hessische Landeshauptstadt

Am 28. März 1945 zur Mittagsstunde marschierten amerikanische Truppen in die Stadt ein. Kriegshandlungen fanden nicht statt. Ein Drittel Wiesbadens war im Krieg zerstört worden. Damit ist die Kurstadt im Vergleich zu anderen Städten im Rhein-Main-Gebiet glimpflich davongekommen. Von etlichen Wohn- und Geschäftsgebäuden standen nur noch ein paar Mauerreste. Das Kurhaus und das Theater waren ausgebrannt. Vom geschichtsträchtigen Hotel Vier Jahreszeiten war nur ein Haufen Asche übrig geblieben. Das Jagdschloss Platte war eine Ruine und das Paulinenschlösschen gehörte endgültig der Vergangenheit an. Der Hauptbahnhof war zerstört, ebenso die Streckenabschnitte nach Wiesbaden. Bei ihrem Rückzug hatte die Wehrmacht alle drei wichtigen Rheinbrücken gesprengt. Zu Kriegsende 1945 lebten rund 120.000 Menschen in der Stadt. Durch Anordnung der amerikanischen Militärregierung kamen neue Gemeinden hinzu. Seit Juni 1945 gehörten Amöneburg, Kastel und Kostheim zu Wiesbaden.

Aufgrund der geringen Zerstörungen in Wiesbaden befanden die amerikanischen Besatzer die Stadt als lebensfähig genug, um Hauptstadt von »Groß-Hessen« zu werden. Gerüchte kamen auf, dass Wiesbaden bewusst von den Amerikanern verschont worden sei, weil sie hier ihr Hauptquartier aufschlagen wollten. »Wiesbaden tun sie schonen, denn hier woll'n sie wohnen«, hieß es im Volksmund.

Forschungsergebnisse aus den letzten Jahren haben nachgewiesen, dass an den Gerüchten um eine Schonung Wiesbadens nichts dran ist. Viel mehr lag es an schlechten Witterungsbedingungen, dass die Alliierten die Kurstadt weniger bombardierten.

Per Volksabstimmung nannte sich das neue gegründete Land ab
dem 1. Dezember 1946 schlicht und ergreifend »Hessen«. Durch
die Ansiedlung verschiedener Bundesbehörden wurde die Position von Wiesbaden als Landeshauptstadt gestärkt. Als Sitz
des neuen hessischen Parlaments fungiert das ehemalige Stadtschloss. Die hessische Staatskanzlei, hier hat der Ministerpräsident seine Räumlichkeiten, ist im ehemaligen Grandhotel Rose
untergebracht. Das einstige Kurviertel der Stadt firmiert heute
als »Regierungsviertel«, und wie vor 150 Jahren pulsiert das Leben in dieser Ecke.

Verlage in Wiesbaden

Heute ist es kaum vorstellbar, doch in den 1950er-Jahren stieg
Wiesbaden zum westdeutschen Verlagszentrum auf. Schuld daran waren die Amerikaner. Diese hatten im April 1945 die Ver-
lagsstadt Leipzig besetzt. Leider bestimmte die Konferenz von
Jalta, dass Leipzig zum 1. Juli 1945 an die russischen Besatzer gehen sollte. Daraufhin boten die Amerikaner Leipziger Verlegern
die Übersiedlung nach Wiesbaden an. Viel Zeit zum Nachden-
ken blieb nicht. Am 30. Mai lag das Angebot auf dem Tisch und
am 12. Juni sollte die Umsiedlung bereits stattfinden. Die Verlage
Brockhaus, Insel und Thieme zogen mit ihrem Hab und Gut in
das ehemalige Hotel Paris, eine Woche später kam der Inhaber
des Musikverlags Breitkopf & Härtel dazu. Die Verlagslandschaft
wurde später durch den Limes-Verlag erweitert und in der Spie-
gelgasse 9, dem Verlagshaus, ließen sich letztendlich alle Wiesbadener Literaturunternehmen nieder. Wiesbaden und seine Spie-
gelgasse wurden im Nachkriegsdeutschland zum zentralen Ort
der westdeutschen Verlagslandschaft. Das hat sich mittlerweile
geändert. Die Räumlichkeiten im Verlagshaus wurden bald zu
klein und durch Fusionierung zogen Verlage an den Standort des
Kooperationspartners. Zuletzt verließ Brockhaus 1985 Wiesbaden

und siedelte sich in Mannheim an. Heute hat von den ehemaligen Leipziger Verlagen nur noch der renommierte Musikverlag Breitkopf & Härtel seinen Sitz in Wiesbaden.

Bundeskriminalamt

Die Bundesregierung bestimmte Wiesbaden 1951 als Standort des Bundeskriminalamts (BKA), das sich als erste Bundesbehörde 1953 auf dem Wiesbadener Geisberg in einem modernen Neubau niederließ. Bereits ein Jahr zuvor hatte die Abteilung Kriminaltechnik ihre Koffer gepackt und war von Hamburg an den Rhein gezogen. Die ersten Diensträume in Wiesbaden für die Kriminaltechnik waren eher bescheiden, gehörten sie doch zu einer ehemaligen Jugendherberge.

Die Anfänge von Deutschlands oberster Staatsschutz-Behörde begannen ganz bescheiden. Am 7. Mai 1951 traten 26 Kriminalbeamte und ein Verwaltungsbeamter ihren Dienst bei der Abteilung »Sicherungsgruppe Bonn« an. Ihre Aufgabe bestand darin, die Bundesregierung mitsamt ihrem Kanzler Konrad Adenauer zu beschützen. Im ersten offiziellen Jahr hauste das BKA in einem umgebauten Pferdestall auf dem Gelände der Villa Selve im Stadtgebiet von Bonn.

Das BKA untersteht dem Bundesministerium des Inneren. Die Zusammenarbeit zwischen Bund und Ländern in Bezug auf die Verbrechensbekämpfung ist die Hauptaufgabe dieser Bundesoberbehörde.

Als deutsches Zentralbüro von Interpol verfolgt das BKA auch international organisierte Straftaten. Da alle Bundesländer über eigene Landeskriminalämter verfügen, sind die Aufgabenbereiche des BKA begrenzt. Im Wesentlichen sammelt es Nachrichten und Unterlagen zur Verbrechensbekämpfung, wertet sie aus und unterhält hierzu spezielle technische Einrichtungen. Sollte das Leben des Bundespräsidenten, des Bundeskanzlers oder von Mitgliedern des Bundestages in Gefahr sein, ist ebenfalls das BKA gefragt.

Auf internationaler Ebene sieht der Aufgabenbereich des BKA schon ganz anders aus. Bei Waffenschieberei, Drogenhandel oder der Verbreitung von Falschgeld über die Landesgrenzen hinweg sind die Spezialisten der Bundesbehörde gefragt. Eine Zusammenarbeit mit Interpol besteht seit dem 9. Juni 1952. Damals trat die Bundesrepublik Deutschland der Internationalen Kriminalpolizeilichen Organisation bei. Das BKA und somit auch Wiesbaden ist bis heute Standort des Nationalen Zentralbüros von Interpol.

Die Aufgabenbereiche des BKA sind eng mit den politischen Geschehnissen in Deutschland verknüpft. Aufgrund der Studentenbewegungen in den 1960er-Jahre kam es verstärkt zu Ausschreitungen und Demonstrationen. Die Bundesregierung reagierte auf die immer größer werdenden Proteste und änderte am 19. März 1969 das BKA-Gesetz. Ab sofort durfte der Generalbundesanwalt das BKA mit polizeilichen Ermittlungen beauftragen.

Eine weitere wichtige Abteilung, die am 3. Dezember 1972 auf Teneriffa ihren ersten Einsatz hatte, ist die Identifizierungskommission des Bundeskriminalamtes, kurz IDKO genannt. Ein Flugzeugabsturz mit deutschen Passagieren an Bord auf der spanischen Insel erforderte das Know-how der Beamten. Flugzeugabstürze, Flutkatastrophen oder Zugunglücke, die Identifizierung von Toten, die selbst von ihren Verwandten nicht mehr erkannt werden, ist keine leichte Aufgabe. Die Spezialisten des Bundeskriminalamts untersuchen im Notfall jedes Merkmal. Ob Zahnschema, Fingerabdrücke, DNA-Analyse oder die Seriennummer des Herzschrittmachers, jeder noch so kleine Hinweis ist nützlich. Seit ihrem Bestehen hat die IDKO bisher gut 1000 Opfer identifizieren können. Nach den Anschlägen vom

11. September 2001 kam die Terrorismusbekämpfung als weiteres Aufgabengebiet hinzu. Heute arbeiten beim BKA rund 5500 Menschen. Ungefähr die Hälfte davon sind Kriminalbeamte. Außer in Wiesbaden gibt es Standorte in Berlin und Meckenheim. Die hessische Landeshauptstadt wird auch in Zukunft der Hauptsitz des BKA sein. Gegen eine Fusion mit der Bundespolizei und einen kompletten Umzug nach Berlin hat sich die Behörde erfolgreich gewehrt. Das BKA ist im Laufe der letzten 60 Jahre stetig gewachsen. An mittlerweile sechs Standorten in Wiesbaden ist die Bundesbehörde zu Hause.

Statistisches Bundesamt

Zahlen und Daten sind das tägliche Brot der Mitarbeiter im Statistischen Bundesamt: Sie erstellen Statistiken. Im Januar 1948 zogen die rund 100 Beschäftigten mit Sack und Pack in das neue Verwaltungsgebäude der Kalle-Werke in Wiesbaden-Biebrich. Anfangs verweilten sie noch gemeinsam mit dem hessischen Statistischen Landesamt unter einem Dach. Doch die Bundesbehörde wuchs. Nicht nur ihre Mitarbeiterzahl stieg an, auch erste Statistiken lagen vor. Im Oktober 1948 wurde bereits mehr Raum für die Belegschaft benötigt. Kurz zuvor hatte das Amt die Außenhandelsstatistik des Vereinigten Wirtschaftsgebietes übernommen, die bis zu diesem Zeitpunkt in Hamburg ansässig gewesen ist. Für die von dort eintreffenden 20 Beschäftigten reichte der Platz im Kalle-Gebäude nicht mehr aus und kurzerhand wurden Büroräume in der Bahnhofstraße 51 angemietet. Im Januar 1949 waren bereits 245 Menschen für das Statistische Bundesamt tätig. Eine erste große Aufgabe bekam die Behörde im September 1950: die erste bundesdeutsche Volkszählung. Es war die erste zahlenmäßige Erfassung der Bevölkerung, Gebäude, Wohnungen, nichtlandwirtschaftlichen Arbeitsstätten und landwirtschaftlichen Kleinbetriebe in West-Deutschland nach dem Ende des Zweiten

Weltkrieges. Das jährliche Statistische Jahrbuch für die Bundesrepublik Deutschland erscheint seit 1952.

Online steht die aktuelle Version des Statistischen Jahrbuchs
kostenlos zur Verfügung. In Buchform kostet sie 71,– Euro.

1956 bezog das Statistische Bundesamt endlich ein eigenes Gebäude am Gustav-Stresemann-Ring. Die neue Wirkungsstätte
bestand ursprünglich aus einem Hochhaus mit 14 Etagen, einem
Casino und zwei rechtwinklig an das Hochhaus stoßenden An-
bauten. Hier waren die Postabfertigung, der Vertrieb, die Dru-
ckerei, Werkstätten und Lager sowie die Lochkartenverarbeitung
untergebracht. Das Casino ist sehr großzügig angelegt. Der Speisesaal bietet Platz für 550 Personen, wenn diese am Tisch sitzen.
Stehen Stuhlreihen in Reih und Glied, können sogar bis zu 800
Menschen Platz nehmen. Im Oktober 1967 kam ein weiterer Anbau zum Gebäudekomplex hinzu. Besonders beeindruckend ist
das Fundament des Hochhauses: Unterhalb des Kellerbodens geht
es noch 14 Meter ins Erdreich hinein. Getragen wird das Hochhaus von insgesamt 93 Pfeilern mit einem Durchmesser von 1,40
bis 3,10 Metern. Auffällig am Hauptsitz des Statistischen Bundes-
amts sind die Kunstobjekte, die in den Räumlichkeiten wie auch
davor zu bewundern sind. In der Eingangshalle wird der Besucher
von einem Mosaik des Darmstädter Künstlers Bernd Krimmel
(* 1926) begrüßt. Im Speisesaal hängt eine unaufdringliche Ke-
ramikdekoration des Karlsruher Künstlers Erwin Spuler (1906–
1964), welche Menschen bei der Ernte und beim Fischfang zeigt.
Die Plastik »Pferd« vor dem Gebäudekomplex schuf der Bildhauer
Fritz von Graevenitz (1892–1959) aus Stuttgart.

1995 erhielt das Gebäude des Statistischen Bundesamtes die
Auszeichnung als Kulturdenkmal und wurde unter Schutz gestellt. Die Auszeichnung bezieht sich jedoch nur auf die ur-
sprüngliche Innen- und Außengestaltung der 50er-Jahre.

Das Statistische Bundesamt betreibt auch die größte Spezial-
bibliothek für Statistik in Deutschland.

Ein U-Bahn-Netz für Wiesbaden?

Wiesbaden rühmt sich, eine Stadt »ganz des 19. Jahrhunderts« zu
sein. Prächtige Bürgerhäuser und herrschaftliche Villen ziehen
Touristen in ihren Bann. Dazu ein im vollen Grün erstrahlender
Kurpark und wärmende Sonnenstrahlen auf der Haut, und kein
Gast möchte die ehemalige Weltkurstadt jemals wieder verlassen.
Ein einziger Mann hätte dieser Idylle fast den Garaus gemacht.
1961 wurde der 75-jährige Ernst May (1886–1970) Planungsbeauf-
tragter für Wiesbaden und erstellte für die Stadt einen General-
bebauungsplan. Der Frankfurter Architekt hatte Visionen. Ihm
schwebten große Wohnsiedlungen in Klarenthal, Biebrich und
Bierstadt vor. May legte Wert auf eine hochwertige Bauweise und
ausreichend Grünflächen in der Stadt. Mit diesem Konzept hatte
der Architekt bereits in Frankfurt am Main Erfolg. In den 1920er-
Jahren sprossen seine Trabantensiedlungen aus dem Frankfurter Stadtrand. Aufgrund des rationalisierten Bauprozesses waren
die Mieten in den Trabantenstädten niedrig und boten neben einem angemessenen Komfort auch genügend Freiraum für die Bewohner. Das klingt gut, doch schon damals in Frankfurt waren
nicht alle Bürger von Mays Plänen begeistert. Briefe von erzürn-
ten Frankfurtern dokumentieren den bürgerlichen Protest: »Es
schreit ja zum Himmel, wie May das Stadtbild verschandelt durch
diese menschenunwürdigen ›Wohnkästen‹, die allem gutem Ge-
schmack und Ästhetik hohnsprechen«.

Als Ernst May 1961 Wiesbaden ein modernes Gesicht verleihen möchte, war er zu diesem Zeitpunkt bereits ein gefeierter
Architekt, der im In- und Ausland seine Visionen zum Leben
erweckte. Seine Pläne für Wiesbaden klangen in den Ohren des
Magistrats zukunftsträchtig. May bevorzugte klare Linien und

eine praktische Aufteilung der Wohnungen. Das galt damals als modern. Die meisten Gebäude in Wiesbaden waren jedoch im Stil des Historismus gehalten, der Erker, Kuppeln und ein ausgiebiges Fassadendekor beinhaltet.

Im Fokus der Stadtplanung lag die Behebung des akuten Wohnungsmangels in Wiesbaden. Die Stadtväter waren nicht bereit, in die Renovierung von Altbauten zu investieren. Zusätzlich belegte die repräsentative Villenbebauung große Flächen in Wiesbaden. Daher unterstützten die Kommunalpolitiker den Abriss der alten Villen und die Neubebauung der geplanten Gelände. Mays Vision in Wiesbaden sah folgendermaßen aus: Das Bergkirchenviertel sollte, bis auf die Bergkirche, abgerissen und durch moderne Wohnbauten mit einzelnen Hochhäusern ersetzt werden. Anstelle des Villengebietes östlich der Paulinenstraße und Mainzer Straße sollten Verwaltungshochhäuser entstehen, die als Bürostadt »City Ost« geplant war. Selbst ein U-Bahn-Netz sahen die Pläne des Frankfurter Architekten für Wiesbaden vor, um die Verkehrsbelastung in der Innenstadt zu senken und die Lebensqualität zu steigern. Der Abriss vieler historischer Villen am Bierstadter Hang war für Mays Pläne unumgänglich. Aus der Neugestaltung von Wiesbaden machte Ernst May kein Geheimnis. Unter dem Titel »Das neue Wiesbaden: Städtebau ist kein Zustand, sondern ein Vorgang!« veröffentlichte der Architekt 1963 eine städtebauliche Planung für die hessische Landeshauptstadt. Insgesamt sollten 150 Villen aus der Zeit von 1840 bis 1910 abgerissen werden.

Der Widerstand gegen den Abriss der historistischen Villen setzte nur sehr zögerlich ein. Gegen die »City-Ost«-Pläne bildete sich jedoch schnell eine Bürgerinitiative, die die Erhaltung als Wohngebiet durchsetzen konnte. Obwohl die Stadt offiziell Mays Pläne nie abgesegnet hat, befürworteten die meisten Kommunalpolitiker die baulichen Veränderungen in Wiesbaden.

Die ersten Villen in der Rheinstraße 6 und 25 mussten der Abrissbirne weichen. Die Villa Söhnlein-Pabst stand ebenso auf der

Abschussliste wie die Villa Clementine. Letztendlich wachten die Wiesbadener Bürger und der Denkmalschutz auf, um sich schützend vor ihre historischen Villen zu stellen. Heute steht das Villengebiet am Bierstadter Hang unter Flächendenkmalschutz.

> Trittbrettfahrer nutzten damals ihre Chance in der allgemeinen Abrissstimmung. Der eine oder andere Altbau wurde von privater Seite abgerissen und durch einen Neubau ersetzt. Ein bekanntes Opfer ist die Alte Feuerwache von Felix Genzmer (1856–1929), die einem Karstadt-Warenhaus weichen musste. Diese Baumaßnahme war nie Gegenstand von Mays Planungen.

Drei Großsiedlungen in Wiesbaden gehen auf Ernst May zurück: Biebrich-Parkfeld, Klarenthal und Schelmengraben wurden auf der grünen Wiese am Rand von Wiesbaden gebaut. In Klarenthal waren 1966 die ersten Unterkünfte bezugsfertig. In 4000 Wohnungen fanden 14.000 Menschen ein neues Zuhause. Darüber hinaus erhielt die neue Siedlung eine eigene Infrastruktur mit Einkaufszentrum, Kindergärten, Schulen und Sporteinrichtungen. Ernst May legte bei seinen Planungen Wert auf eine grüne Lunge in der Stadt. Daher wurde der Schlosspark Biebrich durch den Erwerb des Geländes einer ehemaligen Gärtnerei vergrößert. Es ist nicht von der Hand zu weisen, dass die eine oder andere Villa den Plänen des Frankfurter Architekten weichen musste. Doch Ernst May ist nicht zu verteufeln. Er blieb sich und seiner Vorstellung vom zeitgemäßen Wohnen treu. Die Wiesbadener Politiker der damaligen Zeit sollten sich jedoch schämen, dass sie sich blenden ließen vom Schein der modernen Architektur.

Amtskette des Bürgermeisters

Seit 1897 tragen die Bürgermeister von Wiesbaden bei offiziellen Anlässen eine massive Kette um ihre Hals. Die erste Amtskette

war ein Geschenk von Kaiser Wilhelm II. an die Stadt. Sie war
jedoch recht schwer und es waren Tragevorrichtungen nötig.
Daher kamen bereits in den 1930er-Jahren die ersten Vorschläge
für eine neue Amtskette. In den Wirren des Zweiten Weltkrieges
ging das Anliegen erst einmal unter. Doch 1949 stand die Frage
nach einer neuen Amtskette wieder im Raum. Der Magistrat
der Stadt billigte den Vorschlag und nun konnte es an die Planung gehen. Die Kostenfrage war nicht ganz unerheblich, aber
die Stadtkasse sollte mit den Ausgaben nicht belastet werden.
Spenden lautete das Zauberwort.

Der Stadtrat kontaktierte Industrie, Handel und Handwerk
und bat um finanzielle Unterstützung. Mit Erfolg. Fast der komplette Betrag konnte mithilfe von Spenden aufgebracht werden.
Die Gestaltung und Ausführung der Amtskette nahm längere
Zeit in Anspruch. Es gab eine ganze Reihe von Ideen, bevor sich
die Magistratsmitglieder auf einen Vorschlag einigen konnten.

Die Amtskette des Wiesbadener Bürgermeisters besteht aus
Originalmünzen, die die geschichtliche Entwicklung der Stadt
dokumentieren. Die nötigen Münzen wurden aus der Münz-
sammlung des städtischen Museums entnommen. Fehlende
Stücke mussten angekauft werden, was erneut Zeit in Anspruch
nahm. Mit Ausnahme von zwei silbernen Münzen besteht die
Kette nur aus Goldstücken. Die einzelnen Kettenglieder sind
mit Golddraht verbunden. Als Anhänger der Kette dient das
Wiesbadener Stadtwappen. Hierfür ruhen auf Lapislazuli, dem
blauen Schmuckstein, die drei goldenen Lilien der Stadt. Wenn
der Bürgermeister seine Amtskette trägt, liegt ein kleines Vermögen um seinen Hals. Allein der Wert der historischen Münzen ist beträchtlich. Alle anderen Elemente an der Kette bestehen aus 585er Gold. Auf den einzelnen Münzen sind römische
Feldherren und die Grafen von Nassau zu sehen. Das Abschluss-
glied der Kette ist ein Goldstück mit dem Konterfei des letzten
Herrschers von Wiesbaden: Kaiser Wilhelm I.

Der Kuckuck lockt Touristen

Über Schönheit lässt sich bekanntlich streiten. Ihre Einmaligkeit aber kann niemand dieser Uhr streitig machen. Tag für Tag bilden sich Menschentrauben an dieser für Wiesbaden doch wirklich einzigartigen Sehenswürdigkeit: der größten Kuckucksuhr der Welt. Seit Anfang der 1950er-Jahre darf sich das überdimensionale Uhrwerk so nennen. Mit einer Höhe von 4,50 und einer Breite von 3,50 Metern ist diese Uhr in den engen Gassen des Quellenviertels eine besondere Erscheinung. 1946 platzierte der Souvenirverkäufer Emil Kronenberger die Kuckucksuhr in Übergröße vor seinem Andenkenladen in Wiesbaden. Alle

Die größte Kuckucksuhr der Welt

halbe Stunde, zwischen acht und 20 Uhr, zeigt sich der Kuckuck den erstaunten Touristen und sonnt sich im Blitzlichtgewitter der Kameras. Damals wie heute können Besucher im dahinterliegenden Souvenirgeschäft handgemachte Kuckucksuhren kaufen.

In der Heimat der Kuckucksuhren, im Schwarzwald, steht seit 1994 ein größeres Exemplar, das es mit seinen Maßen ins Guinnessbuch der Rekorde geschafft hat. Dank des Bezeichnungsschutzes darf sich die Wiesbadener Kuckucksuhr bis heute »Die größte Kuckucksuhr der Welt« nennen. Das Schwarzwälder Exemplar hingegen bezeichnet sich als »weltgrößte Kuckucksuhr«.

Am 27. Juni 1980 war Wiesbaden Teil eines sportlichen Großevents. Das Ziel der ersten Etappe der »Tour de France« war die Kurstadt. Von Sonnenberg kommend, erreichte das Fahrerfeld unter dem Jubel der Zuschauer das Ziel in der Wilhelmstraße.

Hollywood made in Wiesbaden

Wer heute durch Wiesbaden streift, findet vom ehemals mondänen Leben in der Filmindustrie nur noch wenige Hinweise. Bereits seit den 1920er-Jahren entstanden zahlreiche Filme in Wiesbaden. Der Regisseur Edy Dengel (1901–1987) bewies schon damals, dass sich die Kurstadt ganz hervorragend als Filmkulisse eignet. Ende der 1940er-Jahre hatte sich die Firma Afifa-Kopierwerk, eine Tochter der Ufa-Film, in Wiesbaden niedergelassen. Die Stadt am Rhein war für die Filmindustrie deshalb so interessant, weil die ehemalige Glamourstadt Berlin durch die Blockade der Russen isoliert war. Ein neuer Ort mit Flair musste her, und was eignete sich da besser als die ehemalige Weltkurstadt?

In den 1950er-Jahren strahlte der Stern der Filmstadt Wiesbaden besonders hell. »Da wurde praktisch am laufenden Band gedreht«, erinnerte sich der Volksschauspieler Peter J. Schmitz. »Die Unterhaltungsbranche hatte in den 1950er- und 1960er-Jahren Hochkonjunktur, als ein Kino-Kassenschlager nach dem anderen die Wiesbadener Produktionsstätte ›Unter den Eichen‹ verließ.« Marianne Koch, Liselotte Pulver, Adrian Hoven, Curd Jürgens oder Gert Fröbe – alles deutsche Schauspielgrößen, die während der Filmproduktionen die hessische Landeshauptstadt mit ihrer Anwesenheit beehrten. In den Studios »Unter den Eichen« entstand auch die berühmte Skandalszene aus »Die Sünderin«, bei der Hildegard Knef für wenige Sekunden nackt zu sehen ist. Seit dieser Zeit sitzen verschiedene Institutionen und Verbände der Filmwirtschaft in der hessischen Landeshauptstadt wie zum Beispiel die SPIO, die Spitzenorganisation der Filmwirtschaft oder das Deutsche Institut für Filmkunde.

Lange hielt die Filmindustrie Wiesbaden nicht die Treue. Mitte der 1950er-Jahre geriet sie in eine Krise, da der Fernseher

Einzug in die deutschen Wohnzimmer hielt. Das hinderte Karl Schulz (1895–1983) nicht daran, 1959 das Produktionsgelände »Unter den Eichen« zu kaufen und die TaunusFilm GmbH zu gründen. Im Spätsommer 1962 beschloss der Verwaltungsrat des Zweiten Deutschen Fernsehens (ZDF), nicht in das provisorische Areal in Eschborn zu investieren, sondern in die Studios der TaunusFilm GmbH umzuziehen. Bis zur Inbetriebnahme des Mainzer Neubaus auf dem Lerchenberg fand die Produktion des ZDF-Programms in Wiesbaden statt. Die Chefredaktion des ZDF verlegte ihre Arbeitsstätte bereits nach wenigen Monaten von Eschborn nach Wiesbaden, und am ersten April 1964 erfolgte die erste Sendung aus der Landeshauptstadt. Mehr als 20 Jahre weilte das ZDF in Wiesbaden, bevor es seinen Neubau in Mainz bezog. Heute befinden sich auf dem Gelände »Unter den Eichen« Firmen aus dem Print-, Event- und Medienbereich. Für Fernsehproduktionen ist Wiesbaden als Kulisse weiterhin gefragt. Vor allem für Krimiserien scheint die Landeshauptstadt wie geschaffen zu sein. Seit 2010 produziert der Hessische Rundfunk den »Tatort Wiesbaden« in der Stadt am Rhein und das Rathausgebäude wird als Staatsanwaltschaft für die gleichnamige ZDF-Serie zweckentfremdet.

James Bond der 1920er-Jahre

»Das Schloss des Schreckens« lautet ein Filmtitel aus dem Jahr 1919, welcher den Grundstein für das filmische Schaffen in Wiesbaden legte. Regisseur, Hauptdarsteller und Produzent in einer Person war der Wiesbadener Edwin Georg Dengel (1901-1987), besser bekannt als Edy Dengel. Dieser Mann schrieb deutsche Filmgeschichte in der Kurstadt. Da seine Familie zwei Lichtspielhäuser in Wiesbaden besaß, entwickelte Edy Dengel schon früh eine Leidenschaft fürs Kino und für Spielfilme. Er gründete 1919 die erste professionelle Filmgesellschaft in Wiesbaden. Mit seiner Produktionsfirma Axa-Film-Werke GmbH drehte Dengel Stummfilme in Spielfilmlänge. Seine Werke trugen Titel wie »Der Mann mit der Todesmaske« oder »Repps und Webbs«. Als Kulisse, vor allem für den Film »Schloss des Schreckens«, diente eine Villa am Biebricher Rheinufer. Wenn die Lichtverhältnisse in den Wohnräumen nicht genügten, verlegte Regisseur Dengel seinen Drehplatz nach draußen. So kann es in seinen Filmen schon mal vorkommen, dass die Szene in einem Raum mit geschlossenen Fenstern spielt, Gardinen und Bilder aber wackeln, weil ein Wind durch die Kulisse weht.

In erster Linie produzierte Dengel jedoch Detektiv- und Spionagefilme, weil dieses Genre in den 1920er-Jahren beim Publikum sehr beliebt war. Jede Menge Action und Verfolgungsjagden gehörten zum guten Ton in diesen Filmen. »Es war damals groß in Mode, dass die Handlungen für Detektivfilme alle in Amerika spielten«, erzählte Edy Dengel in einem seiner letzten Interviews. Doch dieser Umstand stellte kein Problem für den Wiesbadener dar, wurde der Rhein kurzerhand zum Hudson River umbenannt. Da Edy Dengel häufig auch die Hauptrolle in seinen Filmen spielte, brachte ihm die Rolle des Privatdetektivs »Fred Repps« im Nachhinein den Ruf eines James Bond der 1920er-Jahre ein. Die Premieren seiner Filme fanden stets im familienbetriebenen Kino in Wiesbaden-Biebrich statt. Ohne Zensur ging es damals nicht. Im November 1925 verbot die Filmprüfstelle die Aufführung des Stummfilms »Repps und Webbs«, welcher von der Verschleppung eines Mädchens handelt. Laut Prüfstelle übte dieser Film eine »entsittlichende Wirkung« aus. Nach einer Beschwerde gegen die Entscheidung hob die Filmprüfstelle das Verbot drei Tage später auf. Jugendliche durften sich den Film jedoch nicht anschauen.

Edy Dengel machte sich auch einen Namen als Dokumentarfilmer. 1925 produzierte er den Film »Idstein im Taunus« und 1929 »Der Rhein in Eisfesseln«, welcher das seltene Naturschauspiel eines zugefrorenen Rheins vor dem Schloss Biebrich zeigt.

Romy Schneiders Start ins Filmbusiness

Unvergessen ist die deutsche Schauspielerin in ihrer Rolle als »Königin Elisabeth von Österreich«. Ihre internationale Karriere startete sie in ihrer Wahlheimat Frankreich. Seite an Seite mit Alain Delon. Die ersten Schritte im Filmgeschäft unternahm die junge Romy Schneider (1938–1982) in Wiesbaden. In den Studios »Unter den Eichen« entstand 1953 der Filmklassiker »Wenn der weiße Flieder wieder blüht«. Kurt Ulrich und Hans Deppe hatten das Projekt in Angriff genommen und mit jeder Menge Werbung in die Kinos gebracht. Dabei war »Wenn der weiße Flieder wieder blüht« nur einer von vielen Heimatfilmen, die damals wie Pilze auf der Kinoleinwand sprossen und in Wiesbaden entstanden sind. Mit Romy Schneider als Hauptdarstellerin hatten die Produzenten einen Star geboren und ihr Händchen für junge Talente bewiesen. Obwohl der Wiesbadener Schauspieler Peter J. Schmitz damals selbst oft vor der Kamera stand, war er von der jungen Romy Schneider fasziniert: »Sie war unglaublich offenherzig, authentisch und präsent in ihrer Rolle, die sie verkörperte. Vor allem aber war sie hochtalentiert.«

Die Werbemaschinerie funktionierte. In ganz Deutschland lächelte ein unbekanntes, aber entzückendes Mädchen von riesigen Filmplakaten. Romy Schneider, die mit bürgerlichem Namen Rosemarie Magdalene Albach hieß, war gerade einmal 15 Jahre alt, als sie für den Film entdeckt wurde. Gemeinsam mit ihrer Mutter Magda Schneider (1909–1996) stand sie in Wiesbaden zum ersten Mal vor der Kamera. Ebenso wie der gleichaltrige Götz George (* 1938) gab sie ihr Filmdebüt an der Seite von so bekannten Showhasen wie Willy Fritsch (1901–1973) oder Paul Klinger (1907–1971). Der Film hatte am 24. November 1953 seine erfolgreiche Premiere im Stuttgarter Lichtspielhaus »Universum« und mausert sich zu einem echten Kassenschlager. Über tausend geladene Gäste kamen zur Premiere von »Wenn der weiße Flieder wieder blüht« und applaudierten frenetisch, nachdem der Film zu

Romy Schneider und ihre
Mutter Magda, 1955

Ende war. »Ich danke Ihnen, es freut mich sehr«, sprach Romy Schneider an das Publikum gewandt, während der Bühnenvorhang sich 64 mal hob und senkte. Ein Blick in den Film lohnt sich vor allem aus historischer Sicht, da alle Außenaufnahmen in Wiesbaden entstanden sind. Willy Fritsch und Magda Schneider wandeln durch den von Flieder übersäten Kurpark und der eine oder andere Platz der Innenstadt ist ebenfalls zu erkennen. Da es sich um einen Heimatfilm handelt, entführt die Kamera den Zuschauer vom Neroberg aus über die Altstadt, erfasst die Türme der Marktkirche und zeigt eine übermütige Romy Schneider, die durch das Kurhaus wirbelt.

> Die Handlung von »Wenn der weiße Flieder wieder blüht« ist schnell erzählt: Ein Mann hat nach der Trennung von seiner Frau Karriere als Revuesänger gemacht. Jahre später kehrt er in die Heimat nach Wiesbaden zurück. Seine Exfrau lebt hier mit Tochter Evchen. Nach vielen Irrungen und Wirrungen gibt es für alle ein Happy End, auch wenn die ehemaligen Ehepartner nicht mehr zueinander finden.

Filmreife Romanze – Elvis und Priscilla

Als junger GI kam Elvis Presley (1935–1977) 1958 nach Hessen. Er gehörte zur 3. US-Panzerdivision in Friedberg und wurde zunächst als Chauffeur für die Offiziere eingesetzt. Im Dienst fuhr Elvis daher den Militär-Jeep, privat einen BMW. Der bayerische

Automobilhersteller nutzte die Gunst der Stunde, um dem berühmten Musiker für die Dauer seines Deutschlandaufenthaltes einen Wagen zur Verfügung zu stellen. Elvis Presley mangelte es in seiner Militärzeit nicht an Privilegien. Des Nachts schlief der King of Rock'n'Roll nicht bei seinen Kameraden in der Kaserne, sondern residierte im nahegelegenen Kurort Bad Nauheim, in einer Acht-Zimmer-Wohnung. So viel Platz war auch nötig, schließlich wohnten auch der Vater und die Großmutter von Elvis zeitweise in Bad Nauheim. Von seinem bescheidenen Sold als Soldat konnte Elvis sich diese großzügige Behausung nicht leisten. Dank seiner Millioneneinnahmen aus Plattenverkäufen war das jedoch kein Problem. Öffentliche Auftritte gab es während seiner dreijährigen Dienstzeit in Deutschland nicht, sehr zum Leidwesen der vorwiegend weiblichen Fans. Ausschließlich seine Kameraden kamen in den Genuss der satten Stimme des King of Rock'n'Roll, wenn er sein deutsches Lieblingslied »Muss i denn, muss i denn zum Städtele hinaus« trällerte. Dieses Volkslied hatte Elvis auf einer Platte eingesungen, eine Strophe sogar auf Deutsch. Die Single wurde im Offizierscasino auf der US Airbase in Wiesbaden-Erbenheim vorgestellt. Mit diesem Lied hatte der »King« erneut einen Hit gelandet. Er besorgte sich am nächsten Tag gleich die Kritik aus dem Wiesbadener Tagblatt. Da Elvis zu diesem Zeitpunkt nur ein paar Brocken deutsch sprach, ließ er sich den Text übersetzten.

In Wiesbaden landete Elvis einen Hit, und zwar nicht nur in musikalischer Hinsicht. Priscilla Beaulieu (* 1945) verdrehte dem feschen Sänger den Kopf. In der hessischen Landeshauptstadt verliebte sich der »King« in seine Priscilla, die damals gerade einmal 14 Jahre alt und die Tochter eines Offiziers der US-Luftwaffe war. Kennengelernt hatten sich die zwei im »Eagle-Club«, einem Treffpunkt für amerikanische Soldaten und ihre Familien.

Es war Liebe auf den ersten Blick. »Sie ist wirklich sehr süß und sehr erwachsen für ihr Alter«, schwärmte Elvis Presley von seiner

Priscilla. Fast täglich nahm der King den Weg von Bad Nauheim nach Wiesbaden auf sich, um seine Liebste zu besuchen.

Gemeinsam saß das Paar Schulter an Schulter im Café Europa oder besuchte Kinovorstellungen. Elvis versuchte dabei möglichst nicht erkannt zu werden, indem er Brille und zivile Kleidung trug. Doch meistens scheiterte dieses Vorhaben. Hand in Hand schlenderten Elvis und Priscilla bei Mondschein durch den Kurpark. Bei einem dieser nächtlichen Spaziergänge ritzte Elvis in die Rinde eines Baumes »E + P in Love«. Die Initialen in der Baumrinde sollen noch Jahre später erkennbar gewesen sein. Selbst als der »King« schon lange tot war, stand das Zeichen seiner großen Liebe noch in der Baumrinde. Mittlerweile ist es längst verwittert.

> Wie heißt es doch so schön: Pech im Spiel, Glück in der Liebe. Zweimal versuchte Elvis Presley, der King of Rock'n'Roll, sein Glück beim Roulette im Wiesbadener Spielcasino. Leider erfolglos. Doch seine Priscilla wird ihn schon über den finanziellen Verlust hinweg getröstet haben.

Eine Kennedy-Welle der Sympathie

Am 25. Juni 1963 besuchte der amerikanische Präsident John F. Kennedy (1917–1963) die hessische Landeshauptstadt. Er hielt sich in Wiesbaden auf, um ein Jubiläum zu feiern: 15 Jahre zuvor waren vom Flughafen Erbenheim die Rosinenbomber in Richtung West-Berlin gestartet. Auf dem ursprünglichen Programm stand lediglich der Besuch des Headquarters der Air Force sowie die Übernachtung im 1956 erbauten US-Luftwaffenhotel General von Steuben. Als die hessische Landesregierung erfuhr, dass Kennedy nach Wiesbaden kommen sollte, konnte die amerikanische Seite davon überzeugt werden, dass im engen Zeitplan des Präsidenten noch Platz für einen Empfang im Kurhaus sei.

Am 25. Juni landete John F. Kennedy um 18:20 Uhr in seinem Hubschrauber vor dem Steuben-Hotel. Unter großem Jubel und Fähnchen schwenkend begrüßten ihn 10.000 wartende Menschen. Der Wiesbadener Kurier schrieb: »Wiesbaden entpuppte sich als Hexenkessel der Begeisterung.« Nach diesem stürmischen Empfang zog sich der Präsident kurz in seine Räumlichkeiten zurück und traf sich anschließend auf einen Plausch mit Vizekanzler Ludwig Erhard (1897–1977). Gegen 19:30 Uhr fuhr Kennedy im offenen Wagen durch die Stadt zum Kurhaus. Gut 100.000 Bürgerinnen und Bürger säumten die Straßen zwischen Friedrich-Ebert-Allee und Wilhelmstraße. Vor dem Kurhaus kam es zu tumultartigen Ausschreitungen, weil die Massen der enthusiastischen Menschen beinahe die Absperrungen durchbrachen. Der Präsidenten-Empfang in dem mit 20.000 Blumen geschmückten Kurhaus war eine vergleichsweise kurze Angelegenheit. Unter den 400 geladenen Gästen befanden sich hochrangige Angehörige der amerikanischen Wirtschaft, des Militärs

Präsident J. F. Kennedy auf der Airbase in Erbenheim kurz vor seinem Abflug nach Berlin

und der Regierung. Nach einer Willkommensansprache durch Ministerpräsident Georg August Zinn (1901–1976) und dem Eintrag ins Goldene Buch der Stadt verließ der amerikanische Präsident gegen 20:30 Uhr den Empfang, um den Rest des Abends im Steuben-Hotel zu verbringen. Nach der Welle der Sympathie durch die Wiesbadener soll Kennedy am gleichen Abend gesagt haben, wenn er einmal das Weiße Haus verlassen werde, wolle er seinem Nachfolger einen Brief hinterlassen, den dieser in der Stunde größter Depression öffnen möge. Darin stünde Kennedys persönlicher Rat: »Besuchen Sie Deutschland!«

Am nächsten Morgen ging es für den US-Präsidenten weiter auf seiner Deutschlandreise. Wie es sich für einen Präsidenten gehört, wurde Kennedy um 8:25 Uhr mit militärischen Ehren verabschiedet, bevor er 20 Minuten später seine Reise nach Berlin startete. Mit einer Maschine der US-Luftwaffe hob der Präsident, ebenso wie die Rosinenbomber 15 Jahre zuvor, vom Flughafen Erbenheim ab.

Dudo von Laurenburg (ca. 1060–1123)

Rupert I. von Laurenburg (ca. 1090–1154)

Walram I. von Laurenburg (ca.1146–1198)

Heinrich II. von Nassau »der Reiche« (ca. 1190–1251)

Walram II. (ca. 1220–1276)   Otto I. (1247–1289)

Adolf (ca. 1256–1298), dt. König

Ruprecht V. (1280–1305)   Gerlach I. (1285–1361)

Adolf I. (1307–1370) regiere bis 1355 gemeinsam mit
seinem Bruder Johann I. (1309–1371)

Walram IV. (1354–1393)

Adolf II. (regierte von 1393–1426)

Johann II. (regierte von 1426–1480)

Adolf III. (1443–1511) regierte von 1480 bis 1509 gemeinsam mit
seinem Bruder Philipp I. (1450–1509)

Philipp von Idstein (1490–1558)

Philipp, der Jüngere (1516–1566)   Balthasar (1520–1568)

Johann Ludwig I. (1567–1596)

Johann Ludwig II. (1596–1605)

Ludwig II. (1565–1627)

Johann (1603–1677)   Wilhelm Ludwig zu   Ernst Kasimir zu
Saarbrücken   Weilburg

Georg August Samuel (1665–1721)

Johann Ludwig zu Ottweiler   Walrad zu Nassau-Usingen

Friedrich Ludwig (1651–1728)   Karl (1712–1775)

Karl Wilhelm (1735–1803)   Friedrich August (1738–1816)

Wilhelm I. (1792–1839)

Adolph (1817–1866)

Ausgewählte Literatur

Blisch, Bernd: Kleine Wiesbadener Stadtgeschichte, Regensburg 2011.

Bossung, Hans: Das alte Wiesbaden in Bildern. Lions Club, Wiesbaden 1999.

Czysz, Walter: Wiesbaden in der Römerzeit, Stuttgart 1984.

Döringer, Karl: Der kleine Heimatforscher in der Stadt Wiesbaden, Wiesbaden 1955.

Even, Pierre: Adolph, Herzog zu Nassau, Großherzog von Luxemburg 1817–1905, Wiesbaden 1992.

Fäthke, Bernd: Alexej Jawlensky. Köpfe radiert und gemalt. Die Wiesbadener Jahre, Wiesbaden 2012.

Fäthke, Bernd: Jawlensky und seine Weggefährten in neuem Licht, München 2004.

Fink, Otto E: Wiesbaden in Glanz und Elend, Wiesbaden 1982.

Gerlich, Alois: Adolf von Nassau (1292–1298). Aufstieg und Sturz eines Königs, Herrscheramt und Kurfürstenfronde. In: Nassauische Annalen. Band 105, 1994.

Goschke, Horst: Hollywood am Kochbrunnen. Der unendliche Traum von der Traumfabrik, Mainz 1995.

Kiesow, Gottfried: Schloß Biebrich am Rhein, Wiesbaden 1993.

Kiesow, Gottfried: Das verkannte Jahrhundert: der Historismus am Beispiel Wiesbaden. Deutsche Stiftung Denkmalschutz, 2005.

Klein, Beatrixe: Sieben Frauen – Sieben Leben – Sieben Geschichten: Ein Buch für Wiesbaden, Wiesbaden 2005.

Landesamt für Denkmalpflege Hessen (Hrsg.): Eisenbahn in Hessen. Kulturdenkmäler in Hessen. Denkmaltopographie Bundesrepublik Deutschland. Bd. 2.1, Stuttgart 2005.

Neese, Bernd-Michael: Der Kaiser kommt. Wilhelm I. und Wilhelm II. in Wiesbaden, Wiesbaden 2010.

Niedenthal, Erhard: 225 Jahre Spielbank Wiesbaden, Wiesbaden 1996.

Rattemeyer, Volker (Hrsg.): Das Museum Wiesbaden. Museum des Jahres 2007, Wiesbaden 2007.

Reiß, Thorsten: Burg Sonnenberg bei Wiesbaden, Wiesbaden 2001.

Renkhoff, Otto: Nassauische Biographie, Wiesbaden 1992.

Schaller, Detlef/Schreeb, Hans Dieter: Kaiserzeit: Wiesbaden und seine Hotels in der Belle Epoque, Wiesbaden 2006.

Schoppa, H.; Schüler, W.; Schmidt, U.; Jesberg, P.; Thomä, H.; Mischewski, G.: Wiesbaden. Geschichte im Bild von der Römerzeit bis zur Gegenwart, Essen 1981.

Statistisches Bundesamt – Pressestelle (Hrsg.): Das Statistische Bundesamt vor und nach der Sanierung, Wiesbaden 2005.

Struck, Wolf-Heino: Wiesbaden in der Goethezeit, Wiesbaden 1979.

Weiler, Clemens: Alexej von Jawlensky, Der Maler und Mensch, Wiesbaden 1955.

Danksagung

Ein ganz dickes Dankeschön geht an das wundervolle Team des Lauinger Verlags und ganz besonders an Julia Barisic, die mir die Möglichkeit gegeben hat, in die Geschichte der Stadt Wiesbadens einzutauchen.

Meinem Mann Martin danke ich für seine Unterstützung in jeder Lebenslage. Sei es beim Erklimmen des Nerobergs, der Auswahl von geeigneten Cafés und Bars oder um mir in der heißen Phase des Manuskriptschreibens den Rücken freizuhalten.

Ein Dank auch an die kompetenten Pressestellen des Statistischen Bundesamtes sowie des BKAs für ihren schnellen Einsatz, mir Informationen zukommen zu lassen.

Monika und Stefan Rösner danke ich für Recherchetipps und Ausflugsideen rund um Wiesbaden, die das Buch noch lesenswerter machen.

Annette Lischka hat mir den Hinweis auf das einzigartige Café Maldaner geliefert. Jeder sollte einmal in diesem Ambiente einen Kaffee schlürfen. Vielen Dank dafür.

Der Stadt Wiesbaden danke ich für ihre fantastische Internetseite. Sie ist ein wahrer Schatz an historischen Geschichten und jederzeit einen Besuch wert.

Ausflugstipps

Museum Wiesbaden

Kunstausstellung und Naturkundemuseum unter einem Dach. Geöffnet dienstags und donnerstags 10–20 Uhr, mittwochs sowie freitags bis sonntags 10–17 Uhr.
Friedrich-Ebert-Allee 2, Tel.: 06 11 / 3 35 22 50,
www.museum-wiesbaden.de.

Kurpark

Picknicken, Bötchen fahren oder einfach nur die Seele baumeln lassen. Wiesbadens grüne Seele eignet sich hervorragend für alle Aktivitäten. Direkt hinter dem Kurhaus.

Kaiser-Friedrich-Therme

Wer einmal in Wiesbadener Thermalwasser planschen möchte, sollte der Kaiser-Friedrich-Therme einen Besuch abstatten. Nackt baden ist angesagt in dieser Therme, die ganz im antikisierenden Stil gebaut ist. Geöffnet täglich 10–22 Uhr.
Langgasse 38–40, Tel.: 06 11 / 31 70 60.

Kochbrunnen

Wiesbadens bekannteste und heißeste Thermalquelle. Der Kochbrunnen ist zu jeder Tages- und Nachtzeit einen Besuch wert. Adresse: Kochbrunnenplatz.

Nerobergbahn

Eine Fahrt ist Pflicht für jeden Wiesbadenbesucher. Alle 15 Minuten fährt die Bahn den Neroberg rauf und runter. Fahrbetrieb im April, September und Oktober 10–19 Uhr, Mai bis August 9–20 Uhr.
Nerotal 66, www.nerobergbahn.de.

Schloss Freudenberg

Das Leben mit allen Sinnen genießen. Barfußpfad, Dunkelbar oder der Klangraum laden dazu ein. Geöffnet von März bis Oktober 9–18 Uhr und von November bis Februar 9–17 Uhr. Freudenbergstraße 224–226, Tel.: 06 11 / 4 11 01 41, www.schlossfreudenberg.de.

Fasanerie Wiesbaden

Geöffnet von April bis Oktober 9–18 Uhr und von November bis März 9–17 Uhr. Wilfried-Ries-Str. 22, Tel.: 06 11 / 4 09 07 70, www.wiesbaden.de/fasanerie.

Schiersteiner Promenade

Direkt am Rhein reihen sich Bars, Cafés und Eisdielen dicht aneinander. Auf verschlungenen Wegen und vorbei an charmanten Häusern gelangt der Besucher an den Schiersteiner Hafen.

Heidenmauer

Wiesbadens ältestes Bauwerk aus der Römerzeit. Die Heidenmauer befindet sich im Zentrum Wiesbadens und beginnt auf dem Schulberg, von wo sie in östlicher Richtung talwärts verläuft und in der Straße Am Römertor endet.

Hessischer Landtag

Im prächtigen Stadtschloss ein wenig Parlamentsluft schnuppern: Öffentliche Führungen finden jeden Samstag um 15 Uhr statt. Treffpunkt ist der Haupteingang. Schlossplatz 1, www.hessischer-landtag.de.

Russische Kirche

Nur ein paar Fußminuten von der Nerobergbahn entfernt. Hübsche Kapelle mitten im Grünen. Geöffnet täglich 11–16 Uhr. Christian-Spielmann-Weg 2, Tel.: 06 11 / 52 84 94.

Sektkellerei Henkell

Nicht nur eine Führung durch die Sektkellerei, auch das prächtige
Schloss ist beeindruckend. Geöffnet montags bis freitags 10–18
Uhr, samstags nach Vereinbarung.
Biebricher Allee 142, Tel.: 06 11 / 6 30,
www.henkell-sektkellerei.de/events/kellereifuehrung.

Biebricher Schloss und Park

Unmittelbar am Rheinufer des Wiesbadener Stadtteils Biebrich
liegt das Biebricher Schloss samt seiner idyllischen Parkanlage.
Das Schloss kann nicht besichtigt werden, dafür ist der Park das
ganze Jahr über zugänglich.

Cafés und Restaurants

Café Maldaner

Eine kleine Reise in die Vergangenheit gefällig? Im Café Maldaner ist die Zeit stehen geblieben. Das Café erinnert an das Gründungsjahr 1859. 2011 erhielt es die Auszeichnung »Das erste Original Wiener Kaffeehaus Deutschlands«. Geöffnet montags bis samstags 8.30–19 Uhr, sonntags und feiertags 10–18 Uhr.
Marktstraße 34, Tel.: 06 11 / 30 52 14, www.maldaner1859.de.

hugo & tilda

Kleine, feine Karte und gute mediterrane Speisen. Weitläufiger Gastraum und ruhiger Biergarten. Geöffnet montags bis sonntags 17 Uhr bis open end.
Niederwaldstr. 10, Tel.: 06 11 / 98 81 74 75, www.hugo-tilda.de.

Apfelweinstube im Himmelreich

Die Spezialitäten des Hauses sind selbst gekelterter Apfelwein und andere hessische Köstlichkeiten. Vom Gastraum und vom Außenbereich ein fantastischer Blick auf das Rheintal. Geöffnet ab März mittwochs bis sonntags und feiertags 15–22 Uhr.
Himmelreich 1, Tel.: 06 11 / 4 50 19 96,
www.apfelweinstube-im-himmelreich.de.

Treibhaus

Der Biergarten ist eine grüne Oase am Stadtrand. Auch für Kinder ausreichend Platz zum Toben. In der kühleren Jahreszeit lädt das Restaurant im Wintergarten zum Verweilen ein. Geöffnet täglich ab 16 Uhr, sonn- und feiertags ab 12 Uhr.
Klarenthaler Straße 127, Tel.: 06 11 / 5 82 82 89,
www.treibhaus-wiesbaden.de.

Crema Catalana

Süße spanische Spezialitäten und vegane Kuchen gehen hier über die Theke. Geöffnet freitags 14–19 Uhr, samstags und sonntags 10–18 Uhr.
Herderstr. 19, Tel.: 01 57 / 39 47 99 55, www.crema-catalana.com.

Sherry & Port

Eine Mischung aus englischem Pub und spanischer Tapas-Bar. In den Herbst- und Wintermonaten Livemusik. Geöffnet täglich ab 12 Uhr.
Adolfsallee 11, Tel.: 06 11 / 37 36 32, www.sherry-und-port.de.

Hauspralinen

Café oder kleines Ladengeschäft? Beides. In der liebevoll dekorierten Wohnzimmeratmosphäre können Teller, Tassen und Tische gleich mitgekauft werden. Geöffnet montags bis freitags, 14–18 Uhr, samstags 10–18 Uhr.
Obere Webergasse 45–47, Tel.: 06 11 / 50 59 38 98,
www.hauspralinen.de.